주몽, 고구려를 세우다

역사 보물창고는 역사 속에 숨겨진 빛나는 이야기들을 발굴해 새로운 시각과 지식을 선사하는 시리즈로 미래의 주인공인 어린이와 청소년들에게 올바른 역사의식을 심어 줍니다.

❶ 역사 거울, 형제자매를 비추다 이해담
❷ 우리 조상들은 얼마나 책을 좋아했을까? 마술연필
❸ 경주 최 부잣집은 어떻게 베풀었을까? 황혜진
❹ 주몽, 고구려를 세우다 강숙인

역사 보물창고 ❹
주몽, 고구려를 세우다

펴낸날 초판 1쇄 2018년 5월 10일
글쓴이 강숙인 | **그린이** 양상용
펴낸이 신형건 | **펴낸곳** (주)푸른책들 | **등록** 제321-2008-00155호
주소 서울특별시 서초구 양재천로7길 16 푸르니빌딩 (우)06754
전화 02-581-0334~5 | **팩스** 02-582-0648
이메일 prooni@prooni.com | **홈페이지** www.prooni.com
카페 cafe.naver.com/prbm | **블로그** blog.naver.com/proonibook
ISBN 978-89-6170-660-5 74900

ⓒ (주)푸른책들, 강숙인, 2018

＊잘못된 책은 구입한 곳에서 바꾸어 드립니다.
＊이 책 내용의 일부 또는 전부를 재사용하려면 반드시 저작권자와 (주)푸른책들 양측의 서면 동의를 얻어야 합니다.

이 도서의 국립중앙도서관 출판시도서목록(CIP)은 서지정보유통지원시스템 홈페이지 (http://seoji.nl.go.kr)와 국가자료공동목록시스템(http://www.nl.go.kr/kolisnet)에서 이용하실 수 있습니다.(CIP제어번호: CIP2018009188)

보물창고는 (주)푸른책들의 유아·어린이·청소년 도서 전문 임프린트입니다.

주몽, 고구려를 세우다

강숙인 글 | 양상용 그림

보물창고

● 글쓴이의 말

고구려를 기억하며

　우리는 흔히 신화라고 하면 그리스·로마 신화를 떠올리곤 한다. 그리스·로마 신화가 워낙 내용이 다채롭고 풍성하다 보니 자연스레 모든 신화를 대표하게 된 듯하다. 하지만 많은 사람들이 그리스·로마 신화만 알고 우리 신화는 잘 모른다는 사실은 안타깝고 씁쓸한 일이다.
　2년 전 우연히 이규보의 「동명왕 편」에 끌려 제대로 읽어 봐야겠다는 생각을 하게 된 것도 아마 이런 아쉬움 때문일 것이다. 사실 나는 『삼국유사』와 『삼국사기』에 실린 동명왕에 관한 기록만 읽고 그것이 전부라고 생각해서 굳이 「동명왕 편」을 찾아 읽을 생각을 하지 않았다. 아무래도 서사시인 까닭에 일반적인 이야기처럼 접근하기 쉽지 않을 것 같기도 했다.
　그런데 막상 마음을 다잡고 집중하여 읽어 보니 이야기 자체가 재미있고 내용 또한 풍성했다. 특히 해모수가 사는 천상 세계와 하백과 유화가 사는 수중 세계에 대한 묘사는 화려하고 섬세하여 시를 읽다 보면 어느새 신화 속 세계가 그대로 눈앞에 펼쳐지곤 했다. 우리 고대 건국 신화도 그 어떤 신화 못지않게 다양

하고 신비한 이야기를 지니고 있구나, 싶어 뿌듯했다. 다만 한 가지 아쉬웠던 것은 서사시인지라 비약과 생략이 많고 표현이 함축적이어서 아이들이 원문을 직접 읽기가 쉽지 않다는 점이었다.

　주로 그리스·로마 신화만 잘 알고 있는 우리 아이들에게 서사시 「동명왕 편」을 이야기로 풀어서 들려주고 싶었다. 물론 그동안 아이들을 위한 이야기책으로 여러 번 출판된 적이 있지만, 고전의 매력은 해석하는 사람의 관점에 따라 다른 이야기가 나올 수 있다는 점이다.

　그래서 나는 이규보의 「동명왕 편」을 이야기로 다시 썼다. 압축되고 생략된 부분들은 내가 상상한 이야기로 채워 넣고, 글의 앞부분과 뒷부분에 이규보의 이야기를 곁들여서 한 편의 동화 형식으로 작품을 완성했다.

　나는 아이들이 이 책을 읽고 우리에게도 재미있는 신화가 있다는 사실을 알게 되기를 바란다. 아울러 동명왕 신화에 담긴 고구려의 역사에 관해서도 전보다 훨씬 깊이 알게 되고 그 사실들을 오래도록 기억하기를 바란다. 비록 우리가 드넓었던 고구려 땅의 많은 부분을 잃어버렸지만, 우리가 자랑스러운 고구려의 후예임을 기억하는 한 역사는 결코 잃어버리지 않을 테니까. 역사는 그 땅을 차지한 사람이 아닌 그 역사를 기억하는 사람들의 것이다.

2018년 초여름에 강숙인

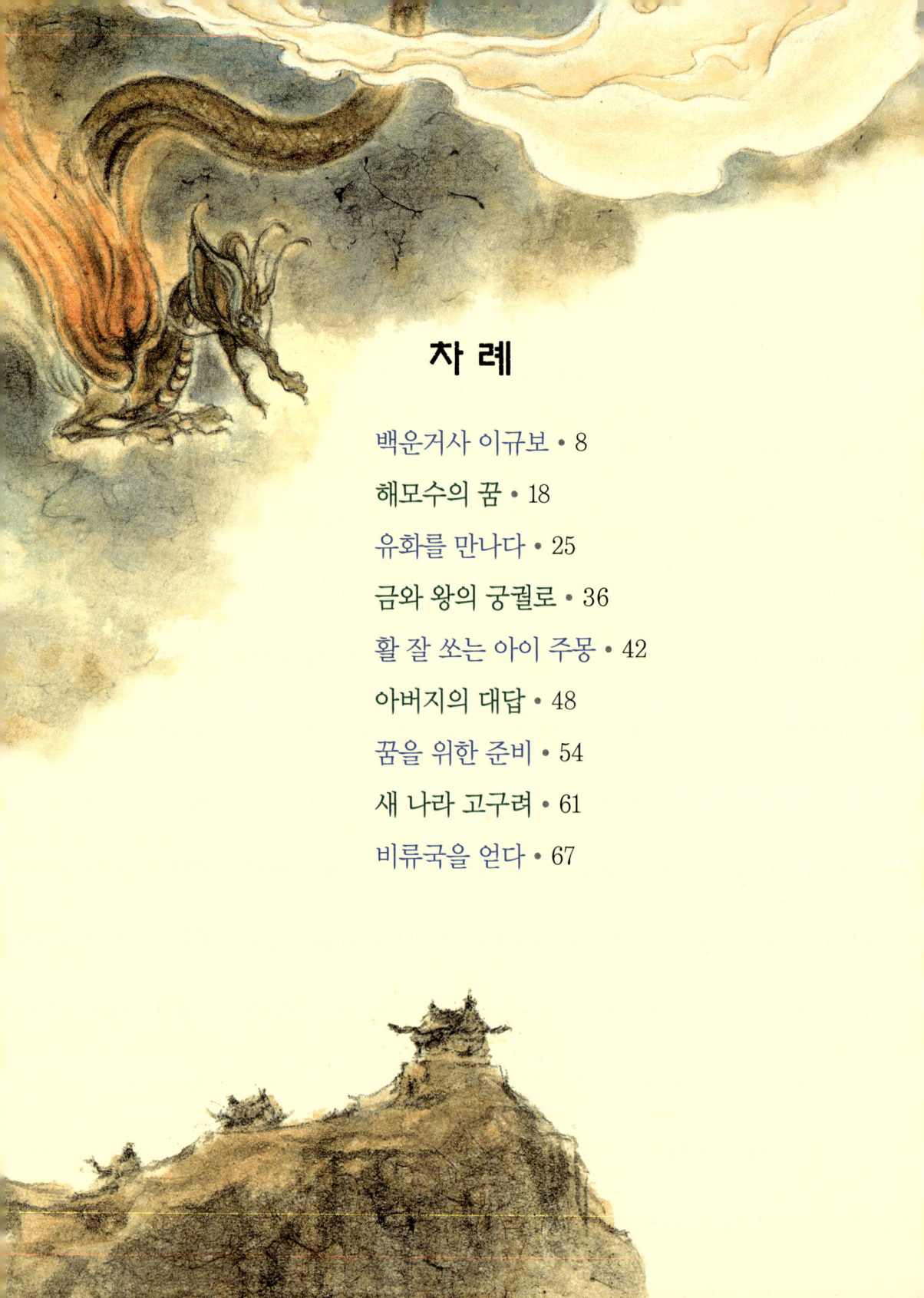

차 례

백운거사 이규보 • 8

해모수의 꿈 • 18

유화를 만나다 • 25

금와 왕의 궁궐로 • 36

활 잘 쏘는 아이 주몽 • 42

아버지의 대답 • 48

꿈을 위한 준비 • 54

새 나라 고구려 • 61

비류국을 얻다 • 67

아버지를 찾아온 유리 • 76

하늘로 돌아가다 • 83

청운의 꿈을 향해 • 86

부록
1. 「동명왕 편」은 어떤 작품인가?
2. 이규보가 「동명왕 편」을 쓴 이유
3. 이규보의 삶
4. 「동명왕 편」에 담긴 상징의 의미

백운거사 이규보

 책상 위에 책이 한 권 놓여 있다. 겉장에 쓰인 책 제목은 『구삼국사』. 젊은 서생 이규보는 책을 물끄러미 내려다보았다. 그 책은 며칠 전에 구한 것인데, 그중 한 부분을 서너 차례 되풀이해서 읽고 또 읽은 참이었다.
 시를 즐겨 짓고 늘 글을 읽는 서생인지라 이규보는 책을 무척 좋아했다. 책을 읽다 보면 이따금 애타게 찾아 헤매던 평생의 벗을 만났을 때처럼 가슴이 설렐 때가 있다. 이 책 『구삼국사』, 더 정확히 말하면 이 책에 수록된 작품 중 하나인 「동명왕본기」가 바로 그러했다.
 조금 전에는 잠깐 졸면서 꿈까지 꾸었다. 당연히 책과 연관이 있는 꿈이었는데 답답한 것은 그 내용이 하나도 기억나지 않는다는 점이었다. 책과 상관있다는 사실만 또렷하게 기억날 뿐.
 '대체 무슨 꿈이었지? 그냥 한낮에 꾼 백일몽인가?'

이규보는 예지몽을 잘 꾸는 편이었다. 4년 전 스물두 살 때 과거 시험인 사마시를 보기 전날에도 이상한 꿈을 꾸었다. 꿈에서 그는 머리와 수염이 허연 풍채 좋은 노인을 만났다. 노인은 28수 별자리 중 열다섯 번째 별인 규성(奎星)이라고 했다. 28수 별자리는 각각 하늘의 움직임과 사람의 운명을 맡아 보고 있는데 규성은 문장을 담당하는 별이었다. 이규보는 노인에게 이번 과거 시험에 관해 물었고, 합격이라는 답을 들었다.

노인이 일러 준 대로 이규보는 사마시에 합격했다. 열여섯 살에 처음 과거를 본 이후 네 번째 도전만의 급제여서 무척 기뻤다. 물론 지난 세 번의 실패는 실력 탓이 아니었다. 그는 어려서부터 글쓰기 신동이라는 소리를 들을 만큼 글을 쓰는 데는 누구보다 자신 있었다. 다만 성격이 자유로워 형식이 엄격한 과거 공부를 소홀히 하다 보니 세 번이나 실패했을 뿐이었다.

그는 그 신통한 꿈을 기억하기 위해 이름을 바꾸었다. 원래 이름은 '인저'였는데 규성이 나타나서 합격을 알려 주었다는 뜻의 '규보(奎報)'로 바꾼 것이다. 4년 전 그 꿈처럼 오늘 대낮의 꿈도 무언가를 알려 주는 듯한데 그 내용이 기억나지 않으니 몹시 답답했.

'후유. 내가 아무래도 백일몽을 꾼 게지.'

이규보가 자신도 모르게 막 한숨을 내쉬었을 때였다. 발소리가 들리더니 활짝 열어 놓은 문 앞으로 사미승(*어린 남자 승려)의 얼굴이 나타났다.

"거사님, 백운거사님."

백운거사(白雲居士)는 이규보의 호(號)였다. 이규보는 2년 전부터 개경 북쪽 천마산 산속에 있는 암자에 들어와 시를 짓는 일에 몰두하고 있었다. 2년 전 여름에 아버지가 돌아가신 데다, 과거에 합격했는데도 뜻대로 벼슬자리에 나아가지 못하자 이래저래 속세를 떠나고 싶어 이곳 천마산으로 들어온 것이다. 그 마음을 담아 호마저도 세속에 뜻이 없음을 나타내는 백운거사로 지었다.

"주지 스님께서 차 한 잔 드시래요."

암자에 글공부하러 들어온 서생이 몇 명 있는데 주지 스님은 유독 이규보와 마음을 터놓고 지내면서 자주 차를 마시러 오라고 청하곤 했다.

"알았다. 내 곧 가마."

사미승이 물러간 다음 이규보는 잠시 책을 들여다보다가 옷매무새를 가다듬었다. 책만 계속 본다고 꿈이 생각날 리 없다. 차라리 스님과 차를 마시며 이런저런 이야기를 나누다 보면 문득 기억이 떠오를지도 모를 일이다.

이규보는 뜰로 나왔다. 뜰에는 여름날 오후의 햇살이 눈부셨고, 나지막한 담 쪽에 있는 꽃밭에는 갖가지 꽃들이 저마다의 빛깔과 향기를 뽐내고 있었다. 이규보는 스님의 처소로 갔다. 스님이 환하게 웃으며 이규보를 맞아 주었다.

"얼굴이 환해 보이는군. 좋은 일이라도 있는가?"

차를 마시면서 스님이 물었다. 스님이 2년 전에 돌아가신 아버지 연배여서 그런지 마치 아버지에게 질문을 받는 듯해 이규보는 기분이 묘했다.

"얼굴만 보고도 마음속을 알아맞히시니 역시 스님이십니다. 이왕 말씀하신 김에 저한테 무슨 좋은 일이 있는지도 한번 말씀해 보시지요."

이규보가 넉살 좋게 말하자 스님이 빙긋 웃었다.

"여기 들어와 있는 서생한테 좋은 일이야 뻔하지. 그동안 시를 통 쓰기 싫다고 계속 울적해하더니 드디어 다시 시를 짓고 싶어진 모양이군."

"네. 시를 쓰고 싶은 간절한 마음이 다시 뭉클뭉클 용솟음치고 있습니다."

"정말 잘된 일이군. 솔직히 속으로 걱정을 많이 했다네. 저러다가 아예 나처럼 머리 깎고 출가하는 게 아닌가 싶었거든."

"하하, 괜한 걱정을 하셨습니다. 때가 되면 집으로 돌아가야지요. 물론 집으로 돌아가도 백운거사로, 어지러운 세상과 타협하지 않고 조용히 시를 짓고 공부하면서 살아갈 겁니다."

이규보가 겨우 세 살 아이였을 때 무신정변이 일어났다. 문신들에게 억눌리고 차별받던 무신들이 난을 일으켜 왕과 문신들을 몰아내고 정권을 잡은 것이다. 그때부터 허수아비 임금을 앞혀 놓고 무신들이 자신들 마음대로 나랏일을 쥐고 흔들었다. 자연 나라 안이 어지러워졌고 백성들의 살림살이 또한 피폐해졌다. 이규보가 과거에 급제하고서도 제대로 된 벼슬자리를 얻지 못한 것도 다 그 때문이었다.

"젊은 사람은 청운의 꿈을 품고 세상에 나아가야 하는 법, 세상이 어지럽다고 산속에 틀어박혀 있기만 한다면 아무것도 바뀌지 않는다네. 자네가 진정으로 원하는 것이 무엇인지 정직하게 자신의 마음속을 들여다보게나."

스님의 말이 조용한 호수에 던진 돌멩이처럼 이규보의 마음에 물무늬를 그렸다. 세상에 대한 미련은 접었다고 생각했는데 아닌 모양이었다. '청운의 꿈'이라는 말에 절로 심장이 쿵 소리를 내는 것을 보면. 하지만 이런 어지러운 세상에서 청운의 꿈을 꾼다는 것이 과연 선비로서 올곧은 태도일까?

이규보가 생각에 잠겨 말없이 차만 마시는데 스님이 다시 말문을 열었다.

"그나저나 다시 시를 쓰고 싶어진 것은 축하할 일이네. 시인은 시를 쓸 때 가장 아름답고 뜨겁게 살아 있으니 말일세. 대체 무얼 쓰고 싶어진 것인지 궁금하군."

이규보의 얼굴이 도로 환해졌다. 지금 가슴속을 가득 채운 쓰고 싶은 시를 떠올리는 것만으로도 구름을 벗어난 달 같은 기분이 드는 것이다.

"스님께서도 동명왕 이야기를 아시지요?"

"알다마다. 우리 고려 사람은 고구려의 후예이니 당연히 동명왕에 대해서 알고 있어야지. 흠, 거사가 요즘 동명왕에 관심이 꽂힌 모양이구먼."

"사실은 한 달 전에 『구삼국사』를 봤는데 그중 「동명왕본기」를 읽고 많이 놀랐습니다. 동명왕에 관한 신기하고 놀라운 일들이 세상에 알려진 것보다 훨씬 많이 적혀 있었으니까요. 사실 예전에도 그 이야기를 몇 번인가 들었지만 그때는 허황된 부분 때문에 단순히 재미있는 이야기로만 여겼지요. 아마도 그 때문에 김부식 공께서도 『삼국사기』를 저술하면서 동명왕 부분의 신비로운 일들은 많이 빼 버렸던 모양입니다. 국사란 세상을 바로잡는 글이라 지나치게 기이한 일은 후세에 전하지 않는 것이 올바른 일이라고 생각해서 말이지요."

"한데 이제는 다른 느낌을 받았다?"

"네. 이번에는 황당하거나 괴이하다는 느낌이 전혀 없었습니다. 오히려 동명왕이 살았던 그 시대가 현실인 양 생생하게 눈앞에 펼쳐지더군요. 또한 해모수의 천상계와 유화 부인의 용궁은 성스럽고 신비하기까지 했습니다. 『구삼국사』는 국사를 정직하게 쓴 책인데 어찌 거기에 거짓이나 허황됨이 있으랴, 그런 생각도 들었고요."

스님이 잠시 이규보를 바라보더니 천천히 고개를 끄덕였다.

"모든 신기한 이야기는 허투루 만들어지는 것이 아니라네. 그 밑바탕에 사실이 깔려 있어야 제대로 된 이야기로 완성되는 법이지. 동명왕 이야기가 황당해 보이는 부분이 있다 해도 거기에는 그 나름의 중요한 진실이 담겨 있다고 생각하네."

"나름의 진실 정도가 아니라 완전한 진실입니다. 시인이 시로써 후세에 알려야 할 신성한 진실이지요."

"하하, 동명왕 이야기에 푹 빠졌군. 그러니까 결국 자네가 쓰고 싶은 것이 동명왕 이야기로군."

"예. 동명왕 이야기를 서사시로 쓸 작정입니다. 생각해 보십시오, 스님. 당나라 역사책에는 도사들이 현종의 명을 받아 양귀비의 넋을 찾으러 하늘과 황천을 찾아간 이야기는 기록되지 않았습니다. 그렇지만 시인 백낙천은 그 일이 사라질까 염려하여 「장한가」를 지었습니다. 그 일이 황당하고 건전치 못한 일인데도 시로 읊어서 후세에 남긴 것입니다. 하물며 우리 동명왕 이야기는 신성하고 거룩한 이야기이니 반드시 시로 지어야 옳지 않겠습니까? 나라를 세운 신비롭고 기이한 자취들을 기록해 남겨 놓지 않는다면 우리 후손들이 어찌 그 일을 알 수 있겠습니까? 알지 못하는데 어찌 역사에서 교훈을 얻고 삶의 귀한 밑거름으로 삼을 수 있겠습니까."

조리 있고 열렬한 이규보의 말에 스님이 흐뭇한 표정을 지으며 고개를 끄덕였다.

"그래. 그 정도의 열정이면 분명 동명왕 이야기를 멋지게 쓸 수 있을 걸세. 언제 시작할 건가? 몹시 기대가 되네그려."

"조만간 쓸 작정입니다. 머릿속에 뭉게구름처럼 뭉게뭉게 시상이 떠오르기는 하는데, 아직 첫 부분이 확실히 잡히지 않아서요."

"하하, 원래 무슨 일이든 처음이 제일 어렵지. 그래서 시작이 반이라는 속언도 있지 않은가. 일단 첫 부분이 잡히기만 하면 그다음부터는 자네 붓끝에서 동명왕의 일생이 술술 흘러나올 터이니 너무 초조해하지 말게나. 그리고 서사시가 완성되면 반드시 나한테 제일 먼저 보여 줘야 하네."

"당연히 그래야지요, 스님."

이규보는 스님과 좀 더 이야기를 나누다가 처소로 돌아왔다. 방에 들어가기 전, 잠시 뜰에 서서 스님과 나눈 이야기를 곱씹어 보았다. 시를 쓰기 위한 준비 작업으로, 동명왕에 대한 생각을 정리하여 머릿속에 잘 새겨 두려는 것이었다.

'그런데 참, 아까 꾼 꿈이 무엇이었더라?'

이규보는 무심히 하늘로 눈길을 주었다. 여름날 늦은 오후의 하늘에는 그가 호로 삼은 백운, 흰 구름이 여기저기 두둥실 떠 있었다. 그러다 어느 구름에 눈길이 닿았을 때 자신도 모르게 "아!" 하고 탄성을 질렀다. 마치 용의 형상처럼 생긴 그 구름을 보는 순간 아까 꾸었던 꿈의 한 장면이 눈앞에 선명하게 떠오른 것이다.

그것은 동명왕의 아버지 해모수가 다섯 마리 용이 끄는 수레를 타고 하늘에서 내려오는 꿈이었다. 해모수는 참으로 늠름하고 잘생긴 젊은이였다. 부리부리한 두 눈은 빛이 쏟아져 나오는 듯 형형하였고 온몸에서는 위엄과 기품이 넘쳐흘렀다. 꿈을 꾸는 순간에는 그가 해모수라는 것을 생생하게 깨달았으면서도 잠을 깨는 순간 어이없게도

까맣게 잊어버렸던 것이다.

이규보는 이제라도 꿈을 기억해 냈으니 정말 다행이라고 생각하면서 무심결에 빙긋 웃었다. 바로 그 순간 눈앞이 환해지면서 첫 부분을 어떻게 쓰면 좋을지 홀연히 떠올랐다.

'그래, 세상이 처음 생길 때 있었던 신기한 일부터 시작하여 중국의 옛글에 적혀 있는 성스러운 임금들의 신비로운 일들을 첫 부분으로 잡아야겠다. 천황씨, 지황씨부터 복희씨, 소호씨, 여와씨, 헌원씨 등 태곳적 인심이 순박할 때 있었던 신비롭고 성스러운 일을 쓰고, 그다음 단락에서 동명왕의 아버지 해모수 이야기를 쓰기 시작하는 거야. 그래, 꿈이 바로 이거였어. 첫 부분을 어떻게 쓰면 좋을지 알려 주면서 어서 「동명왕 편」을 쓰라고 재촉하는 꿈이었던 게야.'

이규보는 눈을 빛내며 용을 닮은 흰 구름을 쳐다보았다. 그의 머릿속에서는 전해 들은 이야기와 여러 국사책에서 읽은 모든 이야기가 뒤섞여 동명왕에 관한 신비롭고 다채로운 이야기가 뭉게구름처럼 탐스럽게 피어오르기 시작했다.

해모수의 꿈

　우리 동방의 하늘을 다스리는 천제에게는 해모수라는 아들이 있었다. 해모수는 총명하고 기상 또한 굳세어서 천제의 기대와 사랑을 듬뿍 받는 아들이었다. 해모수는 어려서부터 저 아래 땅을 내려다보기를 좋아했는데, 그중 특별히 마음이 끌리는 곳이 있었다. 그는 자주 그곳을 내려다보며 남다른 꿈을 꾸곤 했다.
　'저곳으로 내려가 백성들을 다스려 보고 싶구나. 내가 저들에게 여러 가지 좋은 것들을 많이 가르쳐 준다면 백성들은 지금보다 더 나은 삶을 살 수 있을 텐데.'
　가슴속 꿈이 참을 수 없을 정도로 간절해지자 어느 날 해모수는 천제에게 자신의 꿈을 이야기했다. 해모수가 말을 마치자 천제는 엄격한 낯빛으로 말했다.
　"너는 천제의 아들이고 이곳에서 살아야 할 하늘 사람이다. 우리는 하늘에서 땅을 보살필 뿐, 땅의 세상에 직접 관여할 수 없다. 그것이 하늘과 땅의 법칙이고 아무리 천제의 아들이라 해도 그 법칙을 어겨서는 안 된다."

해모수가 시무룩한 표정을 짓자 천제가 엷게 웃으며 말했다.

"저 땅의 사람들이 입버릇처럼 하는 말이 있지. 꿈이 간절하면 이루어진다는 말, 하늘에서라고 다르겠느냐."

해모수는 기대감으로 눈을 반짝이며 천제를 보았다. 천제가 말을 계속했다.

"네가 어른이 되어서도 그 마음이 변함없다면 그때 백 일 동안 그곳으로 내려가 사람들을 다스릴 기회를 주마. 대신 하늘 일을 소홀히 해서는 안 되고 아침에 내려갔다가 저녁이면 도로 올라와야 하느니라."

"예, 알겠습니다. 그때까지 제 꿈을 꼭 간직하고 있겠습니다."

해모수의 얼굴에 어린 기대와 기쁨을 보고 천제는 아들이 결코 자신의 꿈을 포기하지 않을 것임을 알아차렸다.

해모수가 다스리고 싶어 하는 곳은 부여의 도읍지였다. 그 무렵 부여 왕은 해부루이고 태자는 금와였는데 해부루가 태자 금와를 얻게 된 데는 다음과 같은 사연이 있었다.

부여 왕 해부루는 늙도록 자식을 두지 못했다. 그래서 경치가 빼어난 곳을 찾아 정성껏 하늘에 제사 드리며 아들을 내려 달라고 빌곤 했다. 어느 날 해부루가 대신들과 함께 제사를 마치고 궁으로 돌아오는 도중 곤연이라는 연못가에 이르렀을 때였다. 왕이 탄 말이 그곳에 있는 큰 바위를 보고는 눈물을 흘리며 울기 시작했다. 왕이 깜짝 놀라 신하들에게 말했다.

"바위를 보고 말이 눈물을 흘리다니, 괴이한 일이로다. 어서 이 바위를 잘 살펴보도록 하여라."

병사들이 바위 둘레를 찬찬히 살펴본 뒤에 바위를 한쪽 옆으로 밀어 보았다. 놀랍게도 바위 아래 움푹한 구덩이가 파여 있고 그 안에 어린아이가 누워 있었다. 병사가 어린아이를 왕에게 바치자 왕은 아이를 안고 기뻐하며 말했다.

"하늘이 짐의 기도를 들어주시어 아들을 내리셨구나. 아이의 모습이 꼭 금빛 개구리 같으니 이름을 금와(金蛙)라고 짓고 장차 태자로 삼을 것이로다."

이로부터 십 수 년이 흘러 해모수가 부여 도읍지를 내려다보고 있을 무렵 태자 금와는 이미 청년이 되어 있었다.

어느 날 부여의 대신 아란불이 해부루에게 아뢰었다.

"대왕 폐하, 일전에 신의 꿈에 천제께서 나타나셔서 '이곳에 내 아들을 보내 백성을 다스리게 하려 하니, 너희는 다른 곳으로 도읍을 옮기도록 하여라.'라고 말씀하셨습니다. 천제께서 지난날 우리 부여에 태자를 내려 주셨으니 천제의 말씀을 따르는 것이 도리라 여겨져 지난 며칠 동안 어디 좋은 땅이 있는지 알아보았습니다. 마침 동해

가의 가섭원이 땅이 넓고 농사가 잘되는 곳이니 그리로 옮기심이 어떠하겠습니까?"

왕은 이 일에 대해 신하들과 여러 차례 상의하고 또 가섭원을 방문하여 땅을 꼼꼼히 살펴본 끝에 마침내 결정을 내렸다.

"천제의 말을 따르는 것이 도리이니, 도읍을 가섭원으로 옮길 것이다. 허나 그것은 결코 하루아침에 이룰 수 있는 일이 아니다. 새 도읍에 궁궐을 지어야 할 뿐만 아니라 짐을 따라갈 신하들이 살 터전도 마련해 두어야 하니 지금부터 차근차근 준비하도록 하라."

가섭원에 새 도읍을 마련한 후에 해부루는 나라 이름을 동부여로 바꾸었다. 다만 백성들은 입에 익숙한 대로 계속 부여라고 불렀다.

몇 년 뒤 천제의 아들 해모수도 어엿한 청년이 되었다. 그는 자신의 어릴 적 꿈이 변치 않았음을 천제께 아뢰고는 약속한 대로 지상으로 내려가 사람들을 다스리게 해 달라고 청했다. 천제가 고개를 끄덕였다.

"부여 왕이 도읍을 옮긴 이래로 그곳 성이며 궁궐이 여태 비어 있으니 네가 가서 다스리면 되겠구나. 허나 명심하여라. 네가 땅에 머물 수 있는 기간은 백 일이니 기한이 끝나면 하루도 어김없이 하늘로 돌아와야 하느니라."

"명심하겠습니다, 아버지."

한나라 신작 3년(*기원전 59년) 초여름, 해모수는 땅으로 내려갈 모든 준비를 마쳤다. 그를 따르는 신하만 해도 백여 명이 넘었다. 까

마귀 깃털로 장식한 오우관을 쓰고 허리에는 신비로운 용광검을 찬 해모수는 손에 채찍을 들고 다섯 마리 용이 끄는 수레 오룡거를 탔다.

이윽고 북두칠성이 동남쪽을 가리키자 해모수가 채찍을 휘둘렀다. 다섯 마리 용이 쏜살같이 지상으로 내려가기 시작했다. 화려한 날개옷을 입은 백여 명의 사람들이 고니를 타고 그 뒤를 따랐다. 해모수의 행차가 내려올 때 맑은 음악 소리가 사방에 울려 퍼지고 갖가지 빛깔의 구름이 뭉게뭉게 떠 마치 행차를 호위하는 듯했다.

해모수 일행은 부여의 옛 궁궐로 내려와 자리 잡았다. 타고 왔던 오룡거와 고니들은 하늘로 돌려보냈다. 다만 오룡거만은 날마다 아침저녁으로 해모수를 태우러 오곤 했다. 해모수는 아침이면 부여의 옛 궁궐에서 백성들을 돌보고 저녁이면 오룡거를 타고 하늘로 올라가 그곳에서 해야 할 일을 꼼꼼하게 처리한 다음 다시 아침이면 땅으로 내려오곤 했다.

예로부터 전해 오는 말에 따르면 하늘과 땅 사이의 거리가 이억 일만 팔천칠백팔십 리라 하였는데 해모수는 천제의 아들이었기에 아침저녁 마음대로 하늘을 오르내리는 신묘한 조화를 부릴 수 있었다. 옛 부여 땅의 백성들은 사람이 살아가는 데 필요한 바른 도리와 지혜를 가르쳐 주는 해모수를 진심으로 떠받들며 그를 천왕랑이라고 불렀다. 하늘에서 온 젊은 임금이란 뜻이었다.

유화를 만나다

　해모수가 하늘과 땅을 바쁘게 오가며 백성들을 다스리는 사이에 세월은 빠르게 흘러 하늘로 돌아가야 할 날이 며칠 남지 않았다. 해모수는 많이 아쉬웠다. 지상의 나라를 다스린다는 것이 어떤 일인지 이제 조금 알 것 같은데 떠나야 하다니! 마음 같아서는 한 달 만이라도 더 머물고 싶지만 그럴 수는 없었다. 아버지 천제와 한 약속도 약속이려니와 하늘 사람이 땅에 오래 머물러서는 안 된다는 사실을 누구보다 해모수 자신이 잘 알기 때문이었다. 다만 남은 며칠 동안은 정리할 일이 많을 테니 오롯이 땅에서 보내도 된다는 허락을 받은 것이 그나마 다행이었다.

　지난 석 달 가까이 옛 부여의 도읍지에서 지내보니 자신이 꿈꾸던 일이 하늘에서 생각했던 것처럼 그렇게 만만한 일은 결코 아니었다. 제대로 된 왕과 현명한 신하들이 힘을 합쳐 좋은 제도를 만들고, 백성들을 끊임없이 가르치고 이끌어야만 가능한 일이었다. 늘 가지런히 정돈되어 있는 하늘과 달리 땅은 혼란 속에서 더 나은 세상을 향하여 끊임없이 애쓰고 있을 뿐이었다.

'결국 내가 이 땅에서 할 수 있는 일은 아무것도 없단 말인가. 이 땅을 좀 더 살기 좋은 세상으로 만들고 싶었는데, 그건 결국 이 땅의 사람들이 해야 할 일인 것인가.'

해모수가 언짢은 표정을 짓자 하늘로 돌아갈 준비를 하고 있던 신하 한 사람이 아뢰었다.

"그동안 이 땅을 위해 열심히 일하셨으니 사냥을 나가시는 것이 어떻겠습니까? 사냥 또한 이 땅의 임금들이 나라를 다스리면서 꼭 치러야 하는 행사이옵니다."

"좋소. 한데 어디로 사냥을 가는 것이 좋겠소?"

"예전부터 성 북쪽에서 사냥을 하곤 했으니 그곳으로 가시는 것이 좋을 듯합니다."

성 북쪽에는 맑은 압록강이 흐르고 있고, 그곳 용궁에 물의 신 하백이 세 딸과 함께 살고 있었다. 세 자매는 물 밖에 나와 노는 것을 좋아하여 주로 웅심연 연못가에서 놀곤 했다.

무리를 이끌고 사냥을 나온 해모수가 압록강 가를 힘차게 달리다가 웅심연 근처에 이르렀을 때였다. 해모수의 눈에 연못가에서 물장난을 치며 놀고 있는 세 자매의 모습이 들어왔다. 해모수는 저도 모르게 잠시 말을 멈추고 세 자매를 지켜보았다. 세 자매 모두 꽃처럼 아름다웠으며 움직일 때마다 옷에 달린 장신구가 쟁그랑쟁그랑 맑은 소리를 내곤 했다. 해모수는 홀린 듯 그들을 한참 바라보다가 바로 옆에 있는 신하에게 물었다.

"저들이 누군지 아오?"

"예. 저들은 하백의 세 딸입니다."

"저기 가운데 서 있는 처녀의 이름이 무엇인지 혹시 아오?"

해모수는 세 자매 중에서 가장 마음이 끌리는 처녀를 가리켰다.

"저 처녀는 맏이인 유화입니다."

순간 어떤 생각 하나가 번개처럼 머릿속을 스쳐 갔다. 저 세 자매 중 하나와 혼인하여 아들을 낳는다면, 그 아들이 반드시 자신의 못다 이룬 꿈을 이루어 주리라는 생각이었다. 물론 그 한 사람이 유화라면 더욱 좋을 터였다.

해모수는 말에서 내려 세 자매에게 다가갔다. 세 자매는 낯선 사람을 보고는 놀라서 달아나기 시작했다. 아버지 하백이 물 밖에 나가 노는 것은 허락하지만 대신 사람들을 조심해야 한다고 늘 타일렀기 때문이었다.

"잠깐만. 내 말 좀 들어 보오!"

해모수가 세 자매를 쫓아가려 하자 신하가 말렸다.

"쫓아가면 저들은 두려운 나머지 한사코 달아날 것입니다. 저들이 스스로 찾아오게 초대하십시오."

그사이에 세 자매는 압록강 물속으로 사라지고 말았다.

"어떻게 초대를 한단 말이오?"

"저들은 분명 다시 물 밖으로 나올 것입니다. 허니 강가에 화려한 전각을 지어 놓으면 호기심에 스스로 찾아올 것입니다."

듣고 보니 좋은 의견이었다. 해모수는 고개를 끄덕이며 채찍을 휘둘러 강가의 땅을 한 번 쳤다. 순식간에 번쩍거리는 구리 전각이 세워졌다.

"나는 지금부터 세 자매를 기다릴 것이니 그대들은 궁궐로 돌아가 하늘로 돌아갈 준비를 마치고 내 명을 기다리도록 하오."

일행이 돌아간 뒤 해모수는 전각 뒤에 몸을 숨기고 하백의 세 딸들이 나타나기를 기다렸다. 과연 얼마 지나지 않아 압록강 물가에 하백의 세 딸이 다시 나타났다. 세 자매는 물가에서 물장난을 치며 놀다가 문득 저만치에서 빛나는 구리 전각을 보았다. 그들은 서로 얼굴을 마주 보며 고개를 갸웃거리다가 호기심에 못 이겨 옷자락을 나풀거리며 전각 안으로 들어가 보았다. 비단 자리가 깔려 있는 전각 안에 사람이라고는 없고 다만 술과 갖가지 음식이 가득 차려진 상이 놓여 있을 뿐이었다.

자매들은 처음에는 조금 망설였으나 전각 안에 아무도 없다는 것을 새삼 확인하고는 자리에 앉아 음식을 먹었다. 음식은 무척 맛이 있었고 술은 향기로웠다. 기분이 좋아진 세 자매는 금세 취해 버렸다. 동생들이 자꾸 술을 마시려 하자 유화가 말렸다.

"이제 그만 돌아가자. 혹시라도 누가 오면 어떡하니. 어서들 일어나."

유화가 자리에서 일어나자 두 동생도 마지못해 따라 일어났다. 해모수는 얼른 전각 안으로 들어가 나가려는 세 자매를 가로막았다.

"잠깐만 기다려 주오. 할 말이 있소."

세 자매가 비명을 지르며 허둥지둥 전각 밖 뜰로 달아났다. 셋을 한꺼번에 쫓아갈 수는 없어서 해모수는 급히 유화부터 쫓아가 뜰에 있는 정자 앞에서 그 손을 붙잡았다. 그 사이에 두 동생은 저만치 달아나 보이지 않았다. 해모수는 유화의 손을 놓아 주며 차분하게 말했다.

"나는 천제의 아들 해모수라 하오. 그대가 하백의 따님 유화란 것도 알고 있소. 그대에게 꼭 하고 싶은 말이 있어서 그러니 잠시 시간을 좀 내주시겠소?"

유화는 해모수를 가만히 바라보더니 고개를 끄덕였다. 해모수는 천제의 아들인 자신이 왜 지상에 내려왔는지, 그동안 자신이 지상에서 어떤 일을 했는지 자세하게 다 이야기했다. 특히 자신의 꿈에 대해 힘주어 말했다. 유화가 그 꿈을 이해한다는 듯 진지한 눈빛으로 해모수를 바라보았다. 해모수는 용기를 내어 자신의 생각을 솔직하게 계속 말했다.

"나는 머지않아 하늘로 돌아가야 하오. 하지만 어렵게 시작한 일을 끝내지도 않고 그냥 가 버릴 수는 없소. 하여 그대와 혼인하여 내 꿈을 대신 이루어 줄 아들을 이 땅에 남기고 가고 싶소."

"그 말씀은 혼인을 해도 저를 하늘로 데려갈 수 없다는 뜻인가요?"

"지금 내게 필요한 사람은 하늘이 아니라 이 땅에서 살아갈 왕비요. 비록 서로 떨어져 산다고 해도 우리가 혼인하여 함께 꿈을 이룬다면 그 또한 좋은 일이 아니겠소?"

해모수의 말에 유화는 무척 낙심했지만 마음이 이미 해모수에게 기울어 버린 터라 싫다는 말이 나오지 않았다. 하늘에서 오래도록 함께 살지 못한다고 해도 해모수의 왕비가 되고 싶은 것이 솔직한 심정이었다. 유화는 저도 모르게 고개를 끄덕였다. 해모수가 유화의 손을 잡으며 환하게 웃었다. 유화가 다시 말했다.

"하지만 중요한 것은 아버지의 허락이에요. 지금쯤 동생들한테 당신에 관한 이야기를 들으셨을 텐데……."

"안 그래도 하백님을 뵈러 갈 작정이었소. 그대의 나라에는 어떻게 가면 되는 거요?"

"용은 하늘과 물속을 자유롭게 다닐 수 있으니, 용 수레만 있으면 용궁으로 갈 수 있어요."

"내게 다섯 마리 용이 끄는 오룡거가 있소. 지금 당장 불러 내리겠소."

해모수가 채찍을 들어 하늘을 가리키자 오룡거가 쏜살같이 내려왔다. 해모수는 채찍을 휘둘러 구리 궁전을 도로 사라지게 한 뒤에 유화와 함께 오룡거에 올랐다. 얼마 뒤 오룡거는 압록강 물속 깊이 들어가 용궁 앞에 이르렀다. 유화와 함께 수레에서 내린 해모수는 아무래도 하백을 설득하려면 시간이 걸릴 것 같아 오룡거를 하늘로 돌려보냈다.

이윽고 두 사람이 용궁 안으로 막 들어섰을 때 하백의 성난 목소리가 우레처럼 온 용궁을 뒤흔들었다.

"너는 대체 누구이기에 감히 내 딸을 붙잡아 두었는가? 내 지금 막 너에게 큰 벌을 내리려던 참이었는데, 제 발로 이리 왔구나!"

"나는 천제의 아들로 귀하신 하백님의 가문과 혼인을 맺고자 합니다."

"혼인은 일생의 중대한 일이라 중매와 폐백을 통해 정해진 절차를 밟아야 하거늘 어찌하여 이토록 제멋대로인가?"

하백은 엄숙한 얼굴로 말하면서 해모수를 살폈다. 공손하면서도 늠름한 그 모습에 하백의 마음도 조금 누그러졌다. 하백이 시험하듯 해모수를 바라보았다.

"그대가 진정 천제의 아들이라면 남다른 능력이 있을 터, 여기서 펼쳐 보일 수 있겠는가?"

"예, 시험해 보십시오."

해모수의 말이 끝나기가 무섭게 하백은 커다란 잉어로 변하여 넘실거리는 푸른 물결 속에서 유유히 헤엄쳤다. 그러자 해모수는 수달로 변하더니 재빨리 잉어를 쫓아가서 잡았다. 순간 하백이 물 밖으로 솟구쳐 올라 꿩이 되어 두 날개로 하늘을 훨훨 날았다. 해모수는 신령한 매가 되어 맹렬한 기세로 날아가서는 꿩을 낚아챘다. 이번에는 하백이 사슴이 되어 숲길을 달렸고 해모수는 승냥이가 되어 쫓아갔다. 사슴이 압록강 가로 달려 나왔을 때 승냥이가 덮칠 듯이 쫓아왔고 그 순간 하백이 원래의 모습으로 돌아왔다. 해모수도 도로 제 모습이 되었다.

하백이 만족스럽게 웃었다.

"참으로 천제의 아들이로군. 우리 용궁과 혼인을 맺기에 모자람이 없도다. 일단 용궁으로 돌아가세. 유화가 애태우며 기다리고 있을 터이니."

용궁으로 돌아온 하백은 해모수와 유화의 혼인을 허락하고는 온갖 맛있는 음식을 장만하여 큰 잔치를 베풀었다. 하백은 용궁에서 빚은 신비로운 술을 해모수에게 따라 주며 물었다.

"혼례식은 하늘에서 올릴 작정인가? 그때는 나도 하늘 구경을 해 보겠네그려."

"유화 아가씨한테 미리 말했지만 하늘에는 함께 갈 수 없습니다. 제게 필요한 사람은 하늘의 왕비가 아니라 땅의 왕비니까요."

해모수는 정색을 하며 자신이 하늘에서 내려온 것은 꿈 때문이라고 자세히 설명했다. 하백은 몹시 놀랐지만 겉으로는 태연한 척 웃으며 이해한다는 듯 고개를 끄덕였다. 해모수가 아무 의심 없이 방심하게 만들기 위해서였다.

'이렇게 황당할 데가! 아니 제 꿈을 위해서 내 딸이 이 땅에서 홀

유화를 만나다 • 33

로 살아가게 만들겠다고. 게다가 어리석은 딸자식은 벌써 해모수한테 빠져서 그래도 좋다고 웃고만 있으니, 정말 기막히고 어이없는 노릇이군. 하지만 이대로 당할 수만은 없지. 내 반드시 유화를 너와 함께 하늘로 보내고 말 테니, 각오해라 해모수.'

하백은 해모수에게 계속 술을 권했다. 해모수는 하백에게 허락을 받은 것이 기분 좋아서 연거푸 술을 들이켰다. 유화도 곁에서 즐거워하며 같이 술을 마셨고 마침내는 둘 다 잔뜩 취해 스르르 잠이 들고 말았다.

하백은 시종들을 불러 가죽 주머니를 가져오게 하고 용 수레도 준비하라 일렀다. 하백의 명에 따라 시종들이 해모수와 유화를 가죽 주머니에 넣고 그 주둥이를 꽁꽁 묶어 세 마리 용이 끄는 수레에 실었다.

"너희들은 지금 당장 하늘로 올라가도록 하라."

하백의 명이 떨어지자 세 마리 용이 재빠르게 헤엄쳐 용궁을 떠났다. 얼마 뒤 수레가 막 물속을 벗어나려 할 때 해모수는 술에서 깨어났다. 그는 자신이 유화와 함께 가죽 주머니 속에 갇힌 것을 깨닫고는 하백의 속셈을 눈치챘다. 하지만 유화를 하늘로 데려갈 수는 없었다. 게다가 용궁에서 묵은 날짜를 헤아려 보니 바로 오늘이 천제와 약속한 돌아갈 날이었다.

'유화, 함께 데려가지 못해 미안하오. 부디 우리의 꿈을 잊지 말고 꿋꿋하게 살아 주시오.'

해모수는 유화의 금비녀를 뽑아 가죽 주머니를 뚫고는 그 속에서 빠져나왔다. 그는 세 마리 용에게 명했다.

"너희는 주인 아가씨를 모시고 용궁으로 돌아가라."

그런 다음 해모수는 물 위로 솟구쳐 하늘로 날아올랐다. 채찍을 휘두르면서 나직하지만 위엄 있는 목소리로 저 아래 궁궐에서 기다리고 있던 일행들에게 명을 내렸다.

"모두 돌아간다."

해모수와 그 일행은 하늘로 돌아갔다. 그들이 잠시 머물렀던 부여의 옛 궁궐에는 아무런 흔적도 남아 있지 않아, 정말 해모수가 이 땅에 내려왔었는지조차도 의심스러울 지경이었다. 하지만 해모수가 이 땅에 남기고 간 것은 분명 있었다. 그것은 미처 이루지 못해 지상을 떠도는 그의 꿈과 그를 사랑하게 된 유화였다.

금와 왕의 궁궐로

해모수가 하늘로 가 버리자 하백은 불같이 화를 내며 유화를 꾸짖었다.

"내가 바깥세상 인간들을 조심하라고 그토록 타일렀거늘, 너는 제멋대로 해모수 그자를 가까이하여 결국엔 우리 가문을 욕되게 하였다. 아무리 내 딸이라도 도저히 용서할 수 없다!"

하백은 시종들을 시켜 유화의 입술을 앞으로 죽 잡아당기게 했다. 그러자 유화는 입술이 새 부리처럼 쑥 튀어나와 괴상한 모습이 되었을 뿐만 아니라 말도 할 수 없게 되었다. 유화는 눈물만 뚝뚝 흘리며 아버지 하백을 바라볼 뿐이었다. 하백은 마음이 조금 흔들렸지만 냉정한 표정으로 계속 말했다.

"너를 이제 우발수로 귀양 보낼 것이다. 그런 모습으로 혼자 살아가기는 힘들 것이니 시종 두 명을 딸려 보내겠다. 만약 바깥세상 사람들이 너를 우발수에서 꺼내 준다면 너는 원래의 모습으로 되돌아가고 시종들은 용궁으로 돌아올 것이다. 네 죄를 생각하면 영원히 귀양살이를 시키고 싶지만, 아비로서 네게 살길을 열어 주는 것이니 잘못을 뉘우치면서 때를 기다리거라."

유화의 귀양살이가 시작되었다. 시종 두 명이 부지런히 물고기를 잡아다 주어 그럭저럭 살아갈 수는 있었으나 한 마디 말도 못하고 내내 물속에서만 지내려니 몹시 답답했다. 예전에 두 동생들과 자주 물 밖으로 나가 즐겁게 지냈던 생각을 하면 정말이지 바깥세상의 햇빛이며 바람이 너무나 그리웠다. 유화는 하루 종일 물속을 이리저리 헤엄쳐 다니며 기도하듯 마음속으로 중얼거리고 또 중얼거렸다.

'하루빨리 물 밖으로 나가고 싶어! 나를 구해 주는 사람이면, 그가 노인이건 아이건 남자건 여자건 상관없이 평생 그 사람 곁을 지키면서 은혜를 갚을 테야. 절대 그 사람 곁을 떠나지 않을 거야.'

우발수는 태백산 아래쪽에 있는 못이었다. 그곳은 부여의 새 도읍인 가섭원에서 그리 멀지 않았는데 그 무렵 부여는 금와 왕이 다스리고 있었다.

그런데 한 달 전부터 금와 왕은 이상한 꿈을 꾸기 시작했다. 처음 보는 낯선 여인의 꿈이었다. 여인은 선녀처럼 아름다웠는데 무슨 슬픈 사연이라도 있는지 눈에 눈물을 가득 담고 있었다. 왕이 궁금하여 사연을 물어보려고 하면 꼭 그 순간 잠이 깨었고, 꿈속의 여인이 눈앞에 선명하게 떠오르곤 했다. 사나흘에 한 번씩은 같은 꿈을 꾸다 보니, 예사 꿈이 아니라는 확신이 들었다. 무언가 중요한 사실을 알려 주는 꿈인데, 도무지 꿈 풀이를 할 수가 없으니 답답할 따름이었다.

어느 날 오후, 금와 왕이 신하들과 나랏일에 대한 의논을 마치고 잠시 쉬고 있을 때였다. 시종이 들어와 우발수 기슭에 사는 어부가 괴이한 사실을 보고하러 찾아왔다고 아뢰었다. 순간 금와 왕은 마음에 짚이는 것이 있어서 어서 어부를 데려오라 일렀다.

"어부 강력부추, 폐하께 인사를 올립니다. 소인은 우발수 물속에다 어량(*물고기를 잡는 장치)을 만들어 놓고 고기를 잡곤 했는데 언젠가부터 어량의 물고기가 많이 줄어들었습니다. 하여 물속을 자세히 살펴보았더니 괴이하게 생긴 짐승이 물속을 헤엄쳐 다니고 있었습니다. 아무래도 그 짐승이 물고기를 훔쳐 간 듯하여 그물로 잡아 보려 하였습니다. 한데 그물만 찢어지고 짐승은 달아나 버렸습니다. 소인 생각에 그 짐승은 쇠 그물이 있어야만 잡을 수 있을 듯하옵니다. 쇠 그물은 폐하의 병기고에만 있는 귀한 물건이니 부디 가난한 어부의 어려움을 보살피시어 그 짐승을 잡게 해 주십시오."

확실하지는 않지만 어부가 말한 괴이한 짐승이 그동안 여러 차례 꿈속에서 본 여인과 상관이 있을지도 모른다는 생각이 금와 왕의 머리를 휙 스쳐 갔다.

"백성이 편히 살도록 보살피는 것이 임금이 해야 할 일. 여봐라, 어서 가서 쇠 그물을 가져오너라. 내 친히 갈 것이다."

금와 왕은 말을 타고 병사들과 시종들을 거느리고 어부의 안내에 따라 우발수에 이르렀다. 병사들이 일단 물속을 살펴 이상한 짐승이 돌아다니는 것을 확인한 뒤 쇠 그물을 내어 주었다. 어부가 쇠 그물을 우발수에 던졌고, 얼마 뒤에 힘껏 끌어당겼다. 병사들도 힘을 합쳐 같이 끌어당겼다. 이윽고 쇠 그물을 땅바닥에 펼치자 바위 위에 앉아 있는 여인이 나타났다. 쇠 그물에 바위도 함께 끌려 나온 것인데 놀랍게도 여인의 입술이 새 부리처럼 튀어나와 사람이라기보다는 괴상한 짐승처럼 보였다.

금와 왕은 눈을 크게 뜨고 여인을 자세히 바라보았다. 비록 튀어나온 입술 때문에 괴이해 보이기는 했지만 눈이며 코며 얼굴 모양은 꿈에서 본 여인과 거의 똑같았다. 이 여인이 정말 꿈에 나타난 여인이라면 어쩌다 이렇게 기이한 모습이 된 것인지 몹시 궁금했다. 하지만 부리 때문에 말을 못 하니 먼저 부리를 잘라 주어야 할 것 같았다.

금와 왕은 시종에게 속히 가위를 구해 오라 일렀다. 시종이 달려가 근처 대장간에서 가위를 빌려 와서는 여인의 부리를 잘랐다. 부리가 무척 길어 세 번이나 자른 뒤에야 겨우 부리가 다 떨어져 나가고 본래의 모습이 드러났다.

금와 왕이 놀란 눈빛으로 다시 한 번 여인을 찬찬히 바라보았다. 꿈에서 자주 보았던 그 여인이 틀림없었다. 여인이 금와 왕에게 절을 하고 나서 입을 뗐다.

"저는 하백의 딸 유화이며 천왕랑 해모수의 왕비입니다. 해모수님이 저와 혼인을 하고서도 혼자 자신의 나라로 돌아가 버리는 바람에 아버지께서는 몹시 화가 나셨습니다. 하여 저를 이곳 우발수로 귀양을 보내셨지요. 대왕 폐하 덕분에 귀양살이에서 풀려나게 되었으니 이 은혜 결코 잊지 않겠습니다."

금와 왕도 자신들이 떠나온 옛 도읍지에 해모수 일행이 잠시 살다가 돌아갔다는 소문을 들은 적이 있었다. 그 무렵에는 북쪽의 부족들이 내려와 땅을 차지하고 살기도 하고 부족들끼리 전쟁을 하거나 서로 합치는 경우도 많았기 때문에 금와 왕은 해모수가 하늘에서 내려온 천제의 아들이라는 말을 다 믿지는 않았다.

사실 금와 왕에게 해모수가 누구인지는 그렇게 중요한 문제가 아니었다. 진짜 중요한 것은 유화가 꿈속에 나타난 여인이라는 사실이었다. 해모수에게 버림받고 아버지에게 쫓겨난 유화는 누군가 자신을 구해 주기를 간절하게 바랐고, 그 절절한 바람이 금와 왕의 꿈에까지 이른 셈이었다. 유화는 금와 왕의 백성이고, 백성을 보살피는 것은 임금의 책임이었다.

"그런 딱한 사연이 있었구나. 이제 아무 걱정 말거라. 짐이 그대를 거두어 잘 보살펴 줄 것이다."

금와 왕은 유화를 데리고 궁궐로 돌아와 작은 별궁을 내어 주었다. 또한 시중을 들 시녀도 두 명 보내 유화가 편히 지내도록 해 주었다.

활 잘 쏘는 아이 주몽

우발수 물속에서 벗어나 별궁에서 지내게 되자 유화는 자연스럽게 해모수 생각에 골몰하게 되었다. 그전까지는 물속을 벗어나는 일이 시급하여 해모수를 생각할 마음의 여유조차 없었던 것이다.

'해모수님은 나를 잊은 걸까? 나와 혼인하여 같이 꿈을 이루자고 하더니, 그 말은 다 거짓이었나? 설마 우리 만남이 이대로 끝나는 걸까? 우리 꿈은 대체 어디로 간 거지?'

어느 날 유화가 방 안에 홀로 우두커니 앉아 이런 생각에 잠겨 있을 때였다. 갑자기 어디선가 아주 밝은 햇빛이 들어와 유화를 비추었다. 유화는 눈이 부셔서 다른 자리로 피했으나 햇빛은 계속 따라오면서 유화를 비추었다. 몇 번 피해 다니다가 유화는 문득 해모수가 곁에 있는 듯한 느낌이 들었고, 더 이상은 피해 다니지 않았다. 햇빛이 자신의 마음속 질문에 대한 해모수의 대답이라는 사실을 깨달았던 것이다.

　며칠이 지난 뒤 유화는 자신이 임신했음을 알았다. 시녀에게서 이 사실을 전해 들은 금와 왕은 유화가 이미 해모수와 혼인했으니 임신은 당연한 일이라 생각했다. 다만 이제는 유화의 아이까지 거두어야 하니 책임이 무거웠다. 금와 왕에게는 이미 태자 대소를 비롯해 아들이 여러 명 있는지라 유화가 딸을 낳으면 좋겠다는 생각이 얼핏 들었다.

　유화의 배가 점점 부르더니 이듬해인 계해년(*기원전 58년) 4월에 마침내 아기를 낳았다. 아니 아기가 아니라 다섯 되 정도 크기의 커다란 알이었다. 유화가 알을 낳았다는 사실을 전해 들은 금와 왕은 놀라서 눈이 휘둥그레졌다. 가뜩이나 유화가 어떤 아이를 낳을지 마음이 쓰였는데, 알이라니!

　"사람이 알을 낳다니 이는 상서롭지 못한 일이 분명하다. 당장 갖다 버리도록 해라."

　금와 왕의 명령인지라 유화도 거부하지 못하고 눈물을 흘리며 시종들이 알을 가져가는 것을 지켜보기만 했다. 시종들은 알을 마구간에다 버렸다. 말발굽에 밟혀 알이 깨지면 골칫거리는 자연스럽게 해결될 터였다. 하지만 마구간의 말들 중 한 마리도 알을 밟지 않고 조심스레 비켜 갔다.

　보고를 들은 금와 왕은 알을 산속에다 갖다 버리라 명령했고, 이틀 뒤에 알이 어찌 되었는지 확인하고 오라 했다. 산에 다녀온 신하들은 역시 알은 멀쩡할 뿐만 아니라 온갖 짐승들이 와서 지켜 주기까지 한다고 했다. 금와 왕은 곰곰 생각에 잠겼다.

'사람이 알을 낳은 것이 분명 괴이하기는 하지만 그렇다고 듣도 보도 못한 일은 아니다. 우리나라와 중국의 옛 기록을 보면 이보다 더 기이하고 신비한 일이 많지 않은가. 게다가 짐승들이 보호한다는 것은 그 알을 해치지 말라는 하늘의 뜻이 틀림없다. 결자해지(*끈을 묶은 사람이 그 끈을 푼다는 뜻)라는 말처럼, 아무래도 알을 낳은 사람이 그것을 처리하는 것이 마땅할 듯하구나.'

금와 왕은 마음을 바꾸어 알을 유화에게 돌려주라 일렀다. 시종들이 알을 유화에게 갖다 주자 유화는 기쁨의 눈물을 글썽이며 조심스레 알을 품에 안았다.

"돌아왔구나, 우리 아가. 네가 돌아올 줄 어미는 알고 있었단다."

유화의 눈물이 볼을 타고 흘러내려 알 표면에 떨어졌다. 그러자 순식간에 껍질에 금이 가면서 알이 두 조각으로 쪼개졌다. 그 속에는 우람한 옥동자가 들어 있었고, 이내 아이가 첫울음을 터뜨렸다. 보고를 받은 금와 왕은 반은 안심하고 반은 걱정하며 혼잣말을 중얼거렸다.

"알에서 괴물이 아니라 옥동자가 태어났다니 정말 다행이로다. 태어날 때는 남달랐지만 부디 그 아이가 평범하고 무난하게 자라서 나중에 우리 부여의 좋은 신하가 되면 좋겠구나."

어머니 유화의 사랑과 보살핌 속에서 아이는 무럭무럭 자랐다. 태어날 때부터 골격이 튼튼하고 우람했던 아이는 여느 아이들보다 말문이 빨리 트였을 뿐만 아니라 빨리 일어서고 걷기 시작하더니 이내 뛰어다녔다. 아이가 자랄수록 해모수의 모습을 닮아 유화는 흐뭇하면서도 가끔은 마음이 아득해지면서 해모수가 그리워지곤 했다.

어느 날 아이는 낮잠을 자고, 유화가 물레를 돌려 실을 잣고 있을 때였다. 문득 아이가 깨어 일어나 앉더니 얼굴을 찡그리며 유화를 쳐다보았다.

"우리 아가 깼구나. 무슨 나쁜 꿈이라도 꿨니?"

"파리가 자꾸 귀찮게 해서 잠을 못 자겠어요. 저 파리를 다 잡아야겠으니 활을 좀 만들어 주세요."

유화가 살펴보니 방 여기저기 파리가 날아다니고 물레 위에도 여러 마리 앉아 있었다. 유화는 당장 시종에게 명해 대나무를 구해 오게 해서는 아이가 쏘기에 꼭 알맞은 시누대(*대나무의 일종) 활과 화살을 만들어 주었다. 아이는 어른처럼 정확한 자세로 활을 잡더니 화살을 쏘아 물레 위에 앉은 파리들을 어김없이 쏘아 맞혔다.

"세상에, 너한테 이런 놀라운 재주가 있었구나. 이제부터 네 이름은 주몽이다!"

사실 유화는 그때까지 아들에게 이름을 지어 주지 못했다. 아이에게 꼭 맞는 이름을 지어 주고 싶어 계속 궁리만 하고 있었다. 그런데 아이의 놀라운 재주를 보는 순간 그 이름이 떠오른 것이다. 부여 말로 '주몽'은 활을 잘 쏘는 사람이란 뜻으로, 아이는 마침내 자신에게 꼭 맞는 이름을 가지게 되었다.

아버지의 대답

　금와 왕에게는 일곱 왕자가 있었다. 금와 왕이 주몽을 친아들처럼 여겼기 때문에 주몽은 어렸을 때부터 그들과 함께 자랐다. 놀 때도 같이 놀았고 나이가 조금 들어서는 같은 스승 아래서 글을 배우고 무예를 익혔다. 주몽은 일곱 왕자보다 더 열심히 공부하고 무예를 익혔다. 공부와 무예가 재미있기 때문이기도 했지만 어머니 유화의 타이름 덕분이기도 했다.
　"너는 물의 신 하백의 외손자이고 천제의 손자이다. 네 아버지는 천제의 아들인 천왕랑 해모수님이시지. 사실 천왕랑의 꿈은 이 땅을 다스리는 거였단다. 백성들이 살 만한 좋은 세상을 만들어 주고 싶어 하셨지. 허나 하늘 사람이 땅에 오래 머물 수는 없기에 너를 남겨 두고 하늘로 돌아가신 거란다. 그러니 너는 글공부를 열심히 하고 무예를 잘 익혀 이다음에 아버지의 큰 뜻을 이어 가야 한다."

주몽은 아직 어려서 천제의 아들이 어떤 존재인지 잘 알지는 못했지만 땅의 일반적인 아버지보다 훌륭한 분이라는 것은 또렷이 알 수 있었다. 다만 아버지가 너무 일찍 자신과 어머니 곁을 떠나야만 했다는 사실이 몹시 안타까웠다. 그래서 아버지가 더 그리웠고 또 한편으로는 어머니를 기쁘게 해 드리고 싶어 한층 글공부며 무예 익히기에 힘썼다.

그러자 처음에는 별 차별 없이 주몽과 잘 어울리던 왕자들의 태도가 달라지기 시작했다. 똑같이 배웠는데도 주몽이 글공부에서 으뜸일 뿐만 아니라 무예에서도, 심지어 놀이나 내기에서도 자주 첫머리를 차지하자 차츰 시기하고 꺼리게 되었다.

일곱 왕자 중에서도 맏이인 대소가 특히 주몽을 싫어했다. 대소는 자신이 활을 잘 쏘고 무예가 으뜸이라고 자랑하곤 했는데, 활쏘기에서 주몽을 이겨 본 적이 거의 없는지라 언제부터인가 대놓고 주몽을 타박하고 따돌렸다.

어느 날 주몽이 시무룩해 있는 모습을 보고 어머니 유화가 무슨 일이 있느냐고 물었다. 주몽이 솔직하게 다 털어놓자 어머니가 가만히 타일렀다.

"금와 왕은 이 어미를 구해 주신 분이고 너를 지금까지 돌봐 주신 분이다. 사람이 은혜를 잊으면 안 되는 법. 왕자들이 다소 짓궂게 굴더라도 금와 왕의 은혜를 생각해서 네가 꾹 참고 그들과 잘 지내야 한다."

주몽은 어머니의 말씀을 마음에 새기며 왕자들과 잘 지내려 노력했지만 그들의 따돌림은 해가 갈수록 심해질 뿐이었다. 주몽은 잘 견뎌 내면서도 가끔은 언짢아했는데 그럴 때마다 어머니 유화의 얼굴에는 수심이 내려앉곤 했다. 유화를 아끼는 금와 왕도 덩달아 마음이 편치 않았다. 그렇다고 친아들인 왕자들을 주몽 때문에 꾸짖거나 나무랄 수도 없는 일이었다.

방법을 궁리하던 금와 왕은 대소가 스무 살이 되던 해 대소를 태자로 책봉했다. 태자가 되었으니 더 이상 주몽이 자신의 앞날에 걸림돌이 될까 경계하지 말라는 의미였다. 하지만 대소는 태자가 된 뒤에 주몽을 더욱더 경계했다. 열일곱 살이 된 주몽이 이제 키며 몸집이 대소 못지않은 데다가 학문이며 무예 실력이 나날이 늘어가니 도무지 마음이 놓이지 않았던 것이다.

그해 봄 사냥 대회가 열렸다. 사냥 대회는 부여에서 해마다 봄이면 치르는 행사인데 그해는 더 특별했다. 대소의 태자 책봉을 축하하는 의미도 있었기 때문이다. 금와 왕은 일곱 왕자들과 주몽, 그리고 마흔여 명의 신하들과 많은 시종, 병사들과 함께 궁궐에서 멀지 않은 사냥터로 행차했다.

그날 대소는 누구보다 많은 짐승을 잡을 작정이었다. 사냥을 잘하려면 말을 잘 타고 활도 잘 쏘아야 한다. 게다가 짐승들을 제대로 잘 몰아야 하기 때문에 태자의 여러 가지 뛰어난 능력을 보여 줄 수 있는 아주 좋은 기회였다. 하지만 아우들과 시종들이 짐승들을 몰아

주었는데도 겨우 사슴 몇 마리밖에 잡지 못했다. 대소는 초조해졌다. 아무래도 주몽이 자신보다 훨씬 많은 짐승을 잡았을 것 같은 생각이 자꾸 들었기 때문이다.

　대소는 아우들을 거느리고 주몽의 사냥터로 달려갔다. 놀랍게도 주몽은 혼자서 이미 열 마리도 넘는 사슴을 잡아 놓았다. 이대로라면 주몽이 당연히 일등이었다. 대소는 분하고 약이 올라서 아우들에게 눈짓해 다짜고짜 주몽을 잡아 숲속으로 끌고 가서는 커다란 나무에 꽁꽁 묶어 놓았다.

　"감히 태자인 나보다 많은 짐승을 잡다니, 용서할 수 없다. 폐하께서 너그럽게 봐주신다고 아비도 없는 너 따위가 우리와 어깨를 나란히 할 수 있을 듯싶으냐? 어렸을 때는 어쩌다 같이 어울렸지만 이젠 어림도 없다! 네가 잡은 사슴들은 우리가 다 가져갈 테니 너는 여기서 네 잘못이나 반성하고 있어라."

　대소와 왕자들이 가 버렸다. 주몽은 밧줄을 풀려고 애를 써 봤으나 워낙 단단하게 묶여서 꼼짝도 할 수가 없었다. 주몽은 하늘을 쳐다보며 소리쳤다.

　"어머니는 늘 제가 천제의 손자이고 아버지는 하늘에 계시다고 말씀하셨습니다. 그 말씀이 정말이라면 제가 아무런 잘못도 없이 이런 억울한 일을 당하는 것을 그냥 보고만 계시지는 않으시겠지요? 하늘은 정의롭고 공평하여 올바른 일은 더욱 잘하도록 북돋고 나쁜 일은 벌을 내린다고 들었습니다. 허니 부디 제게 힘을 주셔서 이 밧줄을 풀게 해 주십시오."

　그 외침에 대답하듯 맑은 하늘에서 갑자기 요란한 우레 소리가 들렸다. 순간 주몽은 자신의 몸 안에서 힘이 불끈 솟아나는 것을 느끼고 나무라도 뽑을 듯이 있는 힘을 다해 몸을 움직였다. 그러자 나무가 흔들리면서 밧줄이 투두둑 끊어졌다.

　주몽은 기뻤다. 밧줄을 끊은 것보다 하늘에서 대답을 해 주었다는 사실이 한층 기뻤다. 자신이 천제의 손자이고 아버지가 천왕랑 해모수라는 사실을 확인했고, 아버지가 하늘에서 자신을 늘 지켜보고 계신다는 사실 또한 깨달았다. 주몽은 무엇보다 그것이 기뻤다. 여태까지도 어머니의 가르침에 따라 아버지에게 자랑스러운 아들이 되려고 노력해 왔지만 이제는 전보다 더 당당하게 해모수의 아들로 살아가야겠다고 다짐했다. 자신감과 뿌듯함이 가슴을 가득 채웠다.

　주몽은 말을 타고 자신의 사냥터로 달려갔다. 주몽이 잡은 사슴을 옮겨 가려다 때아닌 우레 소리에 놀랐던 대소와 여섯 왕자들은 갑자기 나타난 주몽을 보고는 귀신을 본 듯이 놀라 두 눈을 커다랗게 떴다. 주몽이 대소를 바라보며 깍듯하게 말했다.

　"태자 전하, 내 아버지는 저 하늘에 계신 천왕랑 해모수님이십니다. 전하도 방금 저 맑은 하늘에서 울린 천둥소리를 들었겠지요. 아버지께서 천둥소리로 내가 당신의 아들임을 증명하시고 나를 이렇게 풀어 주셨습니다. 우리가 어렸을 때부터 함께 자란 정이 있으니 지난 허물은 덮어 두겠습니다. 그 사슴들 또한 전하께 드리지요. 대신이다음에 다시 이런 일이 생기면 그때는 결코 그냥 넘어가지는 않을 겁니다."

대소와 왕자들은 얼이 빠진 듯 멍하니 주몽의 말을 듣고만 있었다. 주몽이 말을 마치고 숲 저편으로 사라져 버렸다. 주몽의 모습이 완전히 사라진 뒤에도 대소와 왕자들은 한 마디도 하지 못하고 그저 서로를 바라볼 뿐이었다.

꿈을 위한 준비

　세월이 흘러 주몽은 스무 살의 늠름한 청년이 되었다. 겉모습만 어른이 아니라 글공부며 무예 실력 또한 부여에서 최고였다. 마음을 터놓는 친한 벗도 세 명이나 생겼고, 평민 처녀 예씨(禮氏)와 혼인도 했지만 궁 밖에서 남몰래 만나는 처지였다. 혹시라도 대소가 알게 되면 해코지할지도 모르기 때문이었다. 벼슬자리에 올라 대소에게 맞설 수 있는 힘을 가지게 되면 그때는 벗들도 사랑하는 아내도 당당히 만날 수 있을 터였다.

　그런데 나랏일을 할 나이가 되었는데도 금와 왕은 좀처럼 주몽에게 벼슬을 내리지 않았다. 대소 때문이었다. 태자가 된 그해의 사냥 대회 이후 대소는 전처럼 드러내 놓고 못되게 굴지는 않았으나 시샘하고 경계하는 것은 더 심해져 틈만 나면 금와 왕에게 주몽을 헐뜯곤 했던 것이다.

"주몽은 지난번 사냥 대회에서 비상한 능력을 보였습니다. 비록 그때 잡은 짐승들을 소자에게 양보하기는 하였으나 진심은 아니었습니다. 능력이 남다른 신하가 주군에게 불만을 품고 있다면 그 결과가 뻔하지 않겠습니까? 화근의 싹을 미리 잘라 버리지 않으면 나중에 반드시 후회하게 될 것입니다."

"주몽이 짐에게 무슨 불만이 있겠느냐. 유화 부인이 나를 은인으로 알고 있거늘."

"너무 잘난 신하는 부여에 독이 될 뿐입니다. 주몽이 힘을 가지기 전에 없애 버려야 합니다."

대소뿐 아니라 대소의 부추김을 받은 왕자들과 신하들마저 주몽에 대해 좋지 않게 말하자 금와 왕은 마음이 언짢았다. 유화를 아끼는 금와 왕은 주몽이 어머니 곁에서 아무 욕심 없이 평범하게 살기를 바라고 있었다. 그래서 깊이 궁리한 끝에 한 가지 좋은 방법을 생각해 냈다.

"주몽에게 아무리 비상한 능력이 있다고 해도 마구간지기가 된다면 무슨 일을 할 수 있겠느냐. 역모란 벼슬이 높아져 힘을 가졌을 때나 가능한 일이니 태자는 더 이상 걱정하지 않아도 될 것이다."

대소는 주몽이 결코 만만한 인물이 아니라고 말하려다가 일단은 지켜보자는 생각이 들어 조용히 입을 다물었다.

금와 왕은 곧 주몽을 불러 궁궐 마구간을 돌보라는 어명을 내렸다. 주몽은 겉으로는 아무 내색도 하지 않고 묵묵히 어명을 따랐다.

그러고 나서 어머니에게 문안 인사를 드리러 갔을 때 마음속에 담아 두었던 말을 쏟아냈다.

"어머니도 제 꿈이 무엇인지 아시지요? 소자는 아버지의 뜻을 이어 백성들이 살 만한 좋은 세상을 만들고 싶습니다. 하지만 이곳 부여에서는 제 꿈을 이루기는커녕 펼치지도 못할 것 같습니다. 금와 왕은 제가 그저 말이나 먹이면서 어머니 곁에서 죽은 듯이 살기를 바라는 것 같습니다. 하지만 꿈을 이루려고 노력하는 삶이 아니라 그저 하루하루 숨만 쉬면서 살아간다면 그건 사는 거라고 할 수도 없는 것이지요. 차라리 부여를 떠나 남쪽 땅으로 가서 새 나라를 세우고 싶습니다."

"잘 생각했다. 나는 네가 언젠가는 반드시 이런 결심을 얘기해 줄 거라고 믿고 기다렸다. 어미 생각에도 넌 더 이상 이곳 부여에 있어서는 아니 된다."

"하오나 어머니를 생각하면……."

주몽이 목이 메어 차마 뒷말을 잇지 못하자 어머니의 눈에도 눈물이 가득 고였다. 이윽고 어머니는 흐르는 눈물을 닦으며 차분한 목소리로 말했다.

"내 걱정은 할 것 없다. 때가 되면 널 떠나보내야겠다고 오래전부터 결심하고 있었다. 그리고 나는 이곳 별궁을 떠날 수가 없는 몸이다. 지난날 금와 왕께서 구해 주셨을 때 나는 평생 그분 곁을 떠나지 않겠다고 스스로에게 약속했다. 약속은 지켜야 하는 것이고 금와 왕께서 변함없이 나를 잘 돌봐 주시니 너는 어미 걱정은 말고 지금부터 떠날 준비를 하거라."

어머니의 단호한 격려에 주몽은 눈물을 씻으며 결심을 굳혔다. 어머니가 다정하게 손을 내밀어 주몽의 손을 붙잡고 다독여 주었다.

"대장부가 큰일을 하려면 작은 정에 얽매여서는 안 된다. 네 아버지 또한 큰일을 위해 이 어미 곁을 떠날 수밖에 없었다는 것을 알기에 나는 한 번도 해모수님을 원망한 적이 없었구나. 먼 길 떠나려면 무엇보다 빼어난 준마가 필요하다. 어미가 준마를 고르는 방법을 알고 있으니 같이 마구간에 가 보자꾸나."

주몽은 어머니와 같이 마구간으로 갔다. 마구간에는 주몽이 돌보는 수십 마리 말이 있었다. 말들의 생김새며 몸집이 비슷비슷해 어느 말이 준마인지는 주몽도 알기 어려웠다.

어머니가 긴 채찍을 휘둘러 말들을 후려쳤다. 그러자 뭇 말들이 달아나는데 그중 빛깔이 아름다운 붉은 말 한 마리가 두 길이나 되는 마구간 울타리를 훌쩍 뛰어넘었다.

"바로 저 말이다. 반드시 저 말을 네 말로 삼거라."

어머니가 별궁으로 돌아간 뒤 주몽은 바늘을 얻어 와서 붉은 말의 혀에다 꽂았다. 말이 아파하며 히힝 울었다. 주몽은 말의 갈기를 쓰다듬어 주면서 속삭였다.

"아프게 해서 미안하다. 잠시만 참아다오. 네가 내 말이 되면 너를 소중히 여기고 잘 돌봐 주마."

주몽은 전보다 더 열심히 말들을 먹였다. 말들이 편안하게 지내도록 마구간을 깨끗이 치우고 여물을 듬뿍 주고 잘 씻겨 주었다. 얼마 지나지 않아 대부분의 말이 통통하게 살이 올랐다. 다만 붉은 말은 혀가 아파서 여물을 제대로 먹지 못해 며칠 사이에 비쩍 말라 버렸고 비실거려서 첫눈에 보기에도 몹시 둔해 보였다.

얼마 뒤 금와 왕이 마구간을 돌아보러 왔다. 말들이 거의 다 투실하고 건강해 보이는 데다 주몽이 마구간 일에 만족하는 듯이 보여 금와 왕은 흐뭇했다. 왕은 일을 잘했다고 칭찬한 뒤에 야위고 부실해 보이는 몇 마리 말 가운데서 부쩍 야윈 붉은 말을 주몽에게 상으로 내렸다. 주몽은 속으로 무척 기뻤지만 겉으로는 감사하다고 담담하게 인사했다.

왕이 떠나자마자 주몽은 붉은 말의 혀에서 바늘을 뽑아 주고는 붉은 갈기를 부드럽게 쓰다듬어 주었다.

"고생했다. 그동안의 고생은 네가 명마로 거듭 태어나기 위한 과정이었다 생각하려무나."

그날 밤 주몽은 궐 밖으로 나가 친하게 지내는 세 벗, 오이·마리·협보를 만나 장차 부여를 떠날 계획을 밝혔다. 주몽의 꿈이 무엇인지 잘 알고 있는 벗들은 이미 예상했던 일이라며 기꺼이 함께 가겠다고 했다. 뿐만 아니라 그들을 충성스럽게 따르는 사람들도 제법 많았는데 일단 주몽 일행이 먼저 탈출한 뒤에 그들도 따라오게끔 계획을 세웠다.

그런 다음 주몽은 아내의 집으로 갔다. 차마 입이 떨어지지 않았지만 주몽은 떠날 수밖에 없는 자신의 상황을 설명했다. 아내는 눈물을 글썽이면서 주몽이 무사히 남쪽으로 가서 꿈을 이루기를 바란다고 의연하게 말했다.

"다만 배 속의 아이가 마음에 걸립니다. 아버지가 없는 채로 태어날 것을 생각하면……."

"내가 어디에서 어떤 모습으로 살고 있건 간에 결코 내 자식을 잊지는 않을 것이오. 우리가 먼 훗날 만나게 되더라도 서로 알아볼 수 있는 징표를 남기고 가겠소. 아이가 태어나 다 자라서 아버지를 찾으면 그때 징표에 관해 이야기해 주시오."

별궁으로 돌아온 주몽은 다음 날부터 떠날 준비를 하면서 더 열심히 붉은 말을 돌봤다. 한 달쯤 지난 뒤에 말은 본래의 모습을 되찾았을 뿐만 아니라 마구간에서 가장 튼튼하고 힘찬 준마가 되어 있었다. 마침내 떠날 준비가 다 된 것이다.

새 나라 고구려

이른 봄, 동부여를 탈출하기로 정한 날 새벽이었다. 주몽은 모든 준비를 마치고 어머니 유화 부인과 애끓는 이별을 했다. 어머니는 의연한 낯빛으로 아들을 격려했고 그동안 모아 두었던 귀한 패물들과 함께 씨앗이 담긴 주머니 다섯 개를 내주었다. 농사에 꼭 필요한 다섯 가지 곡식 씨앗이었다.

"나라를 다스리려면 첫째 농사를 잘 지어 백성들이 넉넉하게 살도록 해 주어야 하는 법이니, 이 씨앗들을 잘 가지고 가거라."

주몽은 눈물을 참으면서 꼭 가져가야 할 짐들을 말에다 실었는데, 그만 보리 씨앗이 담긴 주머니 하나를 빠트리고 말았다. 그것도 모른 채 어머니와 작별하고 조심스레 궁 밖으로 나가 기다리고 있던 오이·마리·협보, 세 벗을 만났다. 일행은 힘차게 말을 몰아 훤하게 동이 트기 시작하는 남쪽으로 말을 달렸다.

주몽이 궁을 떠난 지 얼마 되지 않아 대소는 주몽이 새벽같이 별궁을 나갔다는 부하의 보고를 받았다. 주몽이 마구간을 돌볼 때부터 대소는 주몽 곁에 감시하는 부하를 심어 놓았던 것이다.

"무어라! 주몽이 도망을 갔단 말이냐! 지금 당장 그자를 잡아들여야 한다. 지금 그자가 우리 손을 벗어나면 뒷날 우리에게 큰 위험이 될 것이다."

대소는 몸소 군사를 이끌고 주몽을 뒤쫓아 갔다. 대소는 있는 힘을 다해 말을 달렸고 한참 뒤에 저만치 앞에서 달리는 주몽 일행을 볼 수 있었다.

주몽은 대소가 군사를 거느리고 쫓아올 거라고 예상은 했지만 이렇게 빨리 쫓아올 줄은 몰랐다. 자칫 꾸물거리다가는 잡히고 말 것 같아 주몽과 세 친구는 더욱 힘을 내어 나는 듯이 달렸다. 이윽고 그들은 바다처럼 보이는 큰 강 앞에 이르렀다. 물결은 넘실거리는데 강을 건널 수 있는 배는 보이지 않고 뒤에서는 대소와 군사들이 쫓아오고 있었다.

잘못하다가는 새 나라를 세울 땅을 밟아 보기도 전에 대소에게 붙잡힐 판이었다. 주몽은 채찍을 들어 하늘을 가리키며 탄식하듯 소리쳤다.

"천제의 손자이며 하백의 외손이 난리를 피하여 이곳에 이르렀습니다. 하늘과 땅께서는 이 외로운 손자의 어려움을 정녕 저버리려 하십니까?"

주몽이 채찍을 들어 강물을 쳤다. 그러자 홀연 물고기와 자라들이 떼를 지어 몰려오더니 꼬리에 꼬리를 물고 강 저편까지 한 줄로 죽 이어져 엄청나게 긴 다리가 되었다.

주몽과 세 벗들은 급히 그 다리 위를 달렸다. 그들이 거의 다 건너갔을 때 대소가 군사를 이끌고 도착했다. 앞장선 군사 여러 명이 주몽을 쫓아 다급하게 다리를 건너기 시작했다. 마침내 주몽 일행이 강 건너편에 도착했다. 순간 물고기와 자라들이 뿔뿔이 흩어지면서 다리가 끊어졌다. 강을 건너려던 군사들은 물에 풍덩 빠졌고 대소는 발을 동동 구르면서 멀리 사라지는 주몽 일행을 지켜보는 수밖에 없었다.

무사히 강을 건넌 주몽 일행은 남쪽으로 계속 달렸다. 가다가 큰 나무를 보면 주몽이 칼로 간단하게 세 발 달린 까마귀, 삼족오를 그려 놓았다. 부여에서 뒤따라올 사람들을 위한 표시였다. 한참을 달리다 잠시 쉬어 가기로 하고 커다란 나무 아래서 말을 멈추었다. 먼저 나무에 삼족오 표시를 한 다음 주몽이 벗들과 나무 아래 앉아 물을 마시고 있을 때였다. 비둘기 한 쌍이 날아와 나뭇가지에 앉았다. 자세히 보니 비둘기가 눈에 익었다. 어머니 유화 부인이 기르는 비둘기였다.

그제야 주몽은 자신이 씨앗 주머니 하나를 빠트리고 온 것을 알아차렸다. 얼른 활을 쏘아 비둘기 한 쌍을 기절시켜 떨어뜨렸다. 그런 다음 비둘기의 목구멍을 벌려 보니 보리 씨앗들이 들어 있었다. 주몽은 비둘기 목구멍에서 씨앗들을 다 꺼낸 다음 비둘기에게 물을 뿜었다. 그러자 비둘기들이 되살아나 하늘 저편으로, 어머니 유화 부인에게로 훨훨 날아갔다.

'귀중한 보리 씨앗을 보내 주셔서 감사합니다, 어머니.'

주몽 일행은 다시 남쪽으로 말을 달려 모둔곡을 지나 비류수가 흐르는 졸본천에 이르렀다. 땅이 기름지고 산세가 험준하면서도 빼어나 그곳에 정착하기로 했다. 궁궐을 지을 여유가 없는지라 우선 비류수 가에 초막을 엮었다. 며칠 뒤에는 주몽을 뒤따라 부여를 떠나온 많은 사람들이 도착했고, 얼마 지나지 않아 비류수 가에 제법 큰 마을이 들어섰다.

마침내 주몽은 졸본천을 도읍지로 삼아 나라를 세우고 왕이 되었다. 세 벗을 비롯한 뛰어난 인재들을 뽑아 각각 능력에 맞는 벼슬을 내렸다. 그때 그의 나이 스물두 살, 나라 이름은 고구려였으며 고구려의 '고'를 성씨로 삼았다.

새 나라 고구려에 대한 소문은 널리 퍼져 나갔다. 고구려의 백성들은 농사짓는 기술이 뛰어나며 모두 용맹하고 사냥도 잘할 뿐만 아니라 이웃 말갈족이 쳐들어와도 거뜬하게 물리친다는 소문들을 듣고 고구려 백성이 되기 위해 찾아오는 사람들이 나날이 늘어 갔다. 그래도 아직은 고구려를 그냥 서국이라고 부르는 사람들이 많았다. 비류수 서쪽에 있는 나라라는 뜻이었다.

비류국을 얻다

비류수 동쪽에 비류국이 있었고, 왕은 송양이었다. 어느 날 송양은 서쪽으로 사냥을 나갔다가 범상치 않은 사람들을 만났다. 그는 그중 가장 뛰어나 보이는 사람에게 다가가 말을 걸었다. 그 사람은 신하들과 함께 나라 안을 순시하러 나온 고주몽, 동명왕이었다. 두 왕은 서로 인사를 한 다음 마주 앉아 이야기를 나누었다.

"우리나라가 비류수 동쪽에 치우쳐 있어서 내가 일찍이 군자를 만나지 못했는데 오늘 이렇게 우연히 만났으니 참으로 다행이구려. 그대는 누구이며 어디서 온 것이오?"

"나는 천제의 손자이고 서국의 왕이오. 왕께서는 누구의 후손이시오?"

"나는 선인의 후손으로 여러 대에 걸쳐 왕의 자리를 이어 왔소. 지금 비류수 주위의 땅은 지극히 작아서 두 왕이 나누어서 다스릴 수가 없소. 그대는 나라를 세운 지가 얼마 되지 않으니 우리의 부용국이 되는 것이 좋을 것이오."

부용국이란 신하국, 또는 속국이라는 뜻이었다. 송양의 무례한 말에 동명왕은 침착하면서도 당당하게 대답했다.

"나는 천제의 손자 자격으로 왕이 되었고, 천제는 오래전부터 저 하늘에 계셨소. 혈통으로 따지면 우리 서국이 더 오래된 나라라고도 할 수 있소. 그리고 대왕은 신의 자손도 아니면서 감히 왕이라 일컫고 있으니 나중에 반드시 천제의 벌을 받게 될 것이오."

"자칭 천제의 손자라고 계속 주장하는데 나는 그 말을 믿을 수 없소. 정말 천제의 손자라면 분명 남다른 재주가 있을 것이오. 왕은 무예에도 뛰어나야 하는 법. 나와 활쏘기를 한번 겨루어 보겠소?"

동명왕이 기꺼이 겨루자고 하자 송양은 신하들을 시켜 백 보 앞에 사슴이 그려진 그림을 과녁으로 세워 놓게 했다.

"내가 저 사슴 배꼽을 쏘아 맞힐 것이오."

송양은 자신만만하게 활을 쏘았으나 사슴 배꼽을 맞히지 못했다. 이번에는 동명왕 차례였다. 신하들이 동명왕의 명에 따라 백 보 앞에 옥가락지를 매달아 놓았다. 동명왕이 활을 쏘자 옥가락지가 기왓장 부서지듯 깨졌다. 송양은 크게 놀랐지만 짐짓 아무렇지도 않은 듯 거만하게 말했다.

"과연 놀라운 신궁이시오. 비록 세운 지 얼마 안 되기는 하지만 서국도 하나의 나라임은 분명하니 앞으로 서로 사신을 보내도록 합시다."

　송양의 속셈은 새로 생긴 고구려를 드러내 놓고 무시하자는 데 있었다. 그래야 나중에 고구려를 부용국으로 만들기가 쉽다고 생각했던 것이다.

　역사가 오래된 나라에는 북과 뿔나발, 고각(高角)이 있기 마련이었다. 나라에 큰 행사가 있을 때마다 고각으로 음악을 연주하여 나라와 임금의 위엄을 드높이곤 했다. 그래서 나라마다 고각을 중요하게 여겨 하늘이 내려 준 물건, 신물(神物)이라 불렀다.

　다른 나라 사신을 맞는 일도 큰 행사라 고각을 울려야 마땅하지만 고구려는 신생국이라 아직 고각이 없었다. 자연 비류국 사신을 맞을 때 격식을 차리지 못해 위엄이 서지 않았고, 사신 또한 은근히 거만하게 굴곤 했다. 양국 사신이 몇 번 오간 뒤에 동명왕은 탄식하면서 신하들에게 말했다.

　"우리 고구려에는 아직 고각이 없어 비류국이 우리 고구려와 짐을 가벼이 여기는 듯하오. 이렇게 자꾸 저들에게 얕보이는 것은 우리 고구려와 백성들 모두에게 좋지 않은 일이오. 무슨 좋은 방법이 없겠소?"

　그러자 여러 신하들 중에서 부분노가 앞으로 나섰다.

　"신이 대왕을 위하여 비류국에 몰래 숨어 들어가 고각을 가져오겠습니다."

　"비류국이 고각을 소중하게 감추어 두었을 텐데 그대가 어떻게 가져온단 말이오?"

"고각은 하늘이 내린 신물입니다. 대왕은 천제의 손자인데 왜 우리가 가져오지 못하겠습니까? 대왕께서 부여에서 대소 태자에게 핍박을 당하고 계실 때 그 누가 이처럼 나라를 세우고 왕이 되실 거라고 상상이나 했겠습니까? 지금 대왕께서는 만 번 죽음을 당할 뻔한 위태로운 부여 땅에서 벗어나셔서 이 일대에 널리 명성을 떨치고 계십니다. 이는 천제의 도우심이 분명한데 천제께서 내리신 신물을 어찌 가져오지 못하겠습니까?"

부분노는 다른 두 사람과 함께 비류국으로 몰래 들어가 고각을 빼내 가지고 돌아왔다. 동명왕은 기뻐하며 고각이 아주 오래된 것처럼 보이도록 숯검정을 묻혀 두게 했다.

얼마 뒤 비류국 사신이 오자 고각을 연주하며 격식에 맞추어 사신을 맞았다. 사신은 속으로 몹시 놀라 비류국에 돌아가자마자 그 사실을 송양에게 고했다. 마침 그 무렵 비류국의 고각이 없어져 몹시 당황하고 있던 송양은 대번에 고구려를 의심했다.

"아니, 없던 고각이 갑자기 하늘에서 떨어졌단 말이냐, 땅에서 솟아났단 말이냐? 아무래도 수상쩍도다. 내가 직접 가서 확인해 봐야겠다."

며칠 후 송양은 구실을 만들어 신하들을 거느리고 동명왕을 방문했다. 동명왕은 예를 갖추어 고각을 울리며 송양을 맞이했다. 송양은 동명왕과 몇 마디 인사를 나눈 뒤에 하고 싶은 말을 꺼냈다.

"서국에도 고각이 있다니, 정말 뜻밖이군요. 북소리며 뿔나발 소리가 아주 듣기 좋던데 좀 보여 주시겠소? 사실 얼마 전에 우리 비류국 고각이 갑자기 없어져서 말이오."

동명왕은 시종들에게 고각을 가져오게 하여 보여 주었다. 송양은 북과 뿔나발을 찬찬히 살펴보았다. 아무리 뜯어보아도 비류국 고각보다 훨씬 오래되어 보이는지라 감히 자기 것이라 주장하지 못하고 다음 날 비류국으로 돌아갔다.

동명왕은 송양이 고구려를 집어삼키려는 욕심을 버리지 못했다는 것을 잘 알고 있었다. 다음에 또 어떤 일을 꾸밀지 알 수 없으니 준비를 단단히 하고 있어야만 했다. 마침 그때 초막으로 지은 궁궐이 너무 좁아 옆에다 작은 별궁을 한 채 짓기로 했다. 동명왕은 일부러 좀먹은 오래된 나무를 구해 별궁의 기둥으로 쓰게 하였다.

이듬해 봄에 송양이 또다시 고구려를 방문했다. 송양의 방문에는 목적이 있었다.

"우리 비류국은 도읍한 지 아주 오래된 나라요. 그리고 대왕도 알다시피 이 일대는 땅이 좁아서 두 왕국이 있을 자리가 없소. 누가 먼저 도읍했는지 따져서 두 나라를 하나로 합치는 것이 어떻겠소? 대왕의 궁궐을 보니 지은 지 그다지 오래된 것 같지는 않소만."

"사실 이곳은 새로 지은 처소이고, 원래 궁궐은 따로 있다오. 보여 드릴 테니 같이 가시지요."

동명왕은 송양을 별궁으로 안내하여 좀먹은 기둥을 보여 주었다.

송양은 비류국 궁궐보다 훨씬 낡은 기둥을 보고는 벌레 씹은 표정을 지으며 아무 말도 하지 못했다.

송양은 비류국으로 돌아갔지만 동명왕은 마음이 무거웠다. 송양이 포기하지 않고 계속 고구려를 차지하려 들 것이기 때문이었다. 자칫하면 무력으로 고구려를 병합하겠다고 쳐들어올지도 몰랐다. 지금 새 나라 고구려에 시급한 일은 비류국 문제를 해결하는 것이었다. 이웃나라로 인한 근심이 사라져야 고구려 백성들을 위해 온 힘을 쏟을 수 있을 터였다. 동명왕은 마음속으로 간절히 기도했다.

'하늘이시여, 천제의 손자이며 하백의 외손이 간절히 바라오니 부디 제가 이 어려움을 해결하여 새 나라 고구려의 기틀을 단단히 잡을 수 있도록 도와주십시오.'

얼마 뒤 어느 여름날, 동명왕은 서쪽 지역으로 사냥을 나갔다가 희고 큰 사슴 한 마리를 사로잡았다. 흰 사슴은 하늘과 통할 수 있는 신령스러운 짐승이었다. 동명왕은 이 일이 하늘의 계시라고 생각하고는 흰 사슴을 제물로 삼아 하늘에 소원을 빌어 보기로 했다.

이윽고 동명왕은 좋은 날을 잡아 신하들과 함께 해원 언덕에서 제사를 드렸다. 정성스럽게 차린 제사상 앞에 흰 사슴을 거꾸로 매달고 주문을 외운 뒤 동명왕은 엄숙하게 말했다.

"만일 하늘이 비를 내려 비류국의 도읍을 물바다로 만들지 않는다면 너를 결코 놓아주지 않을 것이니, 네가 이 어려움에서 벗어나려면 하늘에 호소하여 내 근심거리를 없애다오."

흰 사슴이 하늘을 쳐다보며 큰 소리로 울기 시작했다. 한없이 구슬픈 그 울음소리는 하늘 끝까지 울려 퍼졌다. 그에 답하듯 갑자기 먼 하늘에서 천둥이 울리더니 먹구름이 몰려오기 시작했다. 동명왕은 기뻐하며 하늘에 감사의 절을 올리고 제사를 마친 다음 흰 사슴을 풀어 주었다.

동명왕이 신하들과 궁궐로 돌아오자마자 먹구름으로 뒤덮인 하늘에서 빗방울이 후드득 떨어지더니 폭우가 쏟아지기 시작했다. 동명왕은 백성들에게 비가 계속 내릴 것이니 큰 피해를 입지 않도록 단단히 대비하라고 명령을 내렸다. 폭우는 이레 동안 계속 쏟아져 내렸다. 비류수 서쪽의 고구려는 지대가 높은 데다 백성들이 미리 대비한 덕분에 큰 피해를 입지 않았으나 낮은 지대에 있던 비류국은 도성이 이레 만에 물에 잠기고 말았다.

동명왕은 비류국을 돕기 위해 병사들을 거느리고 비류국 도성으로 갔다. 송양이 할 수 있는 일이라고는 흘러가는 물 위에 새끼줄을 가로질러 매어 두는 것뿐이었다. 물살에 떠내려가던 백성들은 그 새끼줄을 잡고 가까스로 뭍으로 기어올라 목숨을 구했는데 그대로 떠내려가는 백성이 더 많았다.

동명왕은 병사들에게 백성들을 구하라고 명령하고는 손에 들고 있던 채찍으로 강물을 내리쳤다. 그러자 강물이 줄어들기 시작하여 병사들이 백성들을 구하기 수월해졌고 얼마 뒤에는 물이 완전히 줄어들어 대부분의 백성들을 다 구할 수 있었다.

이 광경을 다 지켜본 송양은 동명왕의 신묘한 능력에 놀라 자신의 처지를 깨닫고는 동명왕에게 항복했다. 동명왕은 비류국 도성 이름을 다물도로 바꾸었다. 고구려 말로 다물은 옛 땅을 다시 찾았다는 뜻이었다. 그리고 송양을 제후로 봉해 다물도를 다스리게 했다. 나라를 세운 이듬해, 동명왕 2년의 일이었다.

이로써 고구려는 한층 큰 나라가 되었다. 비류수 서쪽의 작은 나라, 서국이라는 이름도 더 이상 쓰지 않게 되었다. 그 일대의 여러 부족과 백성들에게 고구려라는 이름이 널리 알려지면서 고구려는 점점 크고 강한 나라로 발전해 갔다.

아버지를 찾아온 유리

　동명왕 4년 가을이었다. 나라가 안정되고 백성들의 살림살이가 넉넉해지자 신하들이 왕에게 이제는 고구려의 위엄에 걸맞은 새 궁궐을 지어야 한다고 아뢰었다. 동명왕은 신하들의 뜻을 받아들였다. 가을걷이를 마친 백성들이 커다란 나무를 베어 날라 골령 골짜기에 궁궐을 지었다. 백성들이 힘을 합쳐 일하는 소리가 음악 소리처럼 골짜기에 울려 퍼졌다. 덕분에 겨울 추위가 오기 전에 높은 누각과 여러 전각들을 갖춘 화려한 궁궐이 완성되었다. 뒤이어 도읍을 감싸는 성곽도 단단하게 쌓아 외적의 침입에 대비했다.
　농사와 사냥과 길쌈을 장려하여 백성들의 살림이 넉넉하도록 북돋웠다. 법률과 제도를 가지런히 하여 백성들이 질서를 지키면서 서로 돕고 살아가도록 이끌었다. 이윽고 나라 안이 굳건해지자 밖으로는 작은 나라를 쳐서 땅을 넓혀 나라를 부강하게 만들었다. 이러는 사이에 십 년이란 세월이 훌쩍 흘러갔다.

동명왕 14년 가을에 어머니 유화 부인이 동부여에서 세상을 떠났다. 부여의 금와 왕은 유화 부인을 태후의 예로 제사를 지낸 다음 신묘를 세웠다. 이미 금와 왕도 고구려를 동부여와 동등한 왕국으로 인정하고 있었기 때문에 유화 부인을 더 깍듯한 장례로 모신 것이다.

부여를 떠나 온 이래 한시도 어머니를 잊어 본 적이 없던 동명왕은 큰 슬픔에 잠겼으나 늘 꿋꿋했던 어머니를 생각하면서 슬픔을 이겨 냈다. 부여를 떠날 때 오곡을 챙겨 주셨던 어머니를 기리며 동명왕은 어머니를 농사의 신으로 삼고 신모(神母)로 받들게 했다. 그해 겨울에는 선물과 함께 사신을 동부여에 보내 그동안 어머니를 보살펴 준 금와 왕의 은덕에 보답하였다.

그 무렵 동부여 도읍 어느 마을에 유리라는 이름의 소년이 어머니와 단둘이 살고 있었다. 유리는 어렸을 때부터 활을 잘 쏘았다. 날아가는 참새를 쏘면 백발백중, 그대로 다 맞혀 떨어뜨렸다. 유리는 주로 참새를 잡았는데 장난을 좋아하여 어떤 때는 이것저것 그냥 쏘아 맞히곤 했다.

어느 날 유리는 같은 마을에 사는 아낙네가 물동이를 이고 걸어가는 모습을 보고 장난기가 발동하여 화살을 쏘아 물동이에 구멍을 냈다. 물동이에서 물이 줄줄 흐르자 화가 난 아낙네가 유리에게 욕설을 퍼부었다.

"애비 없는 자식이라 하는 짓도 개차반이구나."

유리는 부끄럽고 자존심이 상해, 얼른 진흙덩이를 뭉쳐 화살을 쏘았다. 진흙덩이가 구멍을 막자 물동이는 더 이상 새지 않았다. 아낙네는 머쓱해하며 화살을 뽑아 돌려주고는 가 버렸다. 유리는 집으로 돌아와 어머니에게 물었다.

"어머니, 저는 왜 아버지가 없습니까? 제 아버지는 누구입니까?"

어렸을 때부터 아버지에 대해 물으면 그냥 '없다.'고 대답해 왔기 때문에 어머니는 여느 때처럼 가볍게 대꾸했다.

"갑자기 왜 아버지를 찾느냐? 너는 원래부터 아버지가 없다."

"원래부터 아버지가 없다니요? 정말 그렇다면 이제 저는 다른 사람을 떳떳하게 볼 낯이 없으니, 차라리 죽겠습니다."

그제야 어머니는 유리에게 아버지에 대해 제대로 말해 줄 때가 왔음을 알아차리고는 정색을 하며 말했다.

"세상에 아버지가 없는 사람이 어디 있겠느냐. 네 아버지는 여느 사람이 아니다. 천제의 손자시고 하백의 외손이신데 대소 태자의 모함을 받아 급히 이곳을 떠날 수밖에 없었다."

어머니는 유리에게 아버지가 부여를 떠나게 된 사연을 자세히 들려주었다. 대소 태자가 해칠까 두려워 어머니인 유화 부인도 모르게 혼인한 사실도 이야기했다.

"만약 그렇게까지 감추지 않았다면 우리 모자가 지금까지 안전하지 못했을 거다."

"아버지는 남쪽으로 가서서 어찌 되셨습니까?"

"소문으로 듣기에 네 아버지는 남쪽에서 나라를 세우고 왕이 되셨단다. 신생국이지만 부여 못지않은 고구려의 왕이시지. 네 아버지가 떠나시면서 말씀하셨다. 만약 아이가 태어나 나중에 아버지를 찾거든 징표에 대해 알려 주라고 말이다."

"그 징표란 게 대체 무엇입니까?"

"진심으로 아버지를 찾아가고 싶니?"

"아버지가 고구려의 왕이 되셨는데 아들이 남의 나라 신하로 살고 있다는 것은 부끄러운 일입니다. 반드시 아버지를 찾아갈 것이니 징표를 일러 주십시오."

"네 아버지가 떠나실 때, '일곱 고개 일곱 골짜기 돌 위 소나무에 감추어 둔 물건이 있으니 그것을 찾아 가지고 오는 사람이 바로 내 아들이다.'라고 하셨단다."

"소자, 반드시 그 물건을 찾아 아버지께 갈 것입니다."

다음 날부터 유리는 징표를 찾아 나섰다. 일곱 고개 일곱 골짜기라는 말에 따라 근처에 있는 산이며 언덕, 더 먼 곳의 산까지 샅샅이 뒤졌으나 일곱 고개 일곱 골짜기는 어디에도 없었다. 게다가 돌 위의 소나무는 또 어떻게 찾을 것인지 막막하기만 했다. 하지만 그렇다고 포기할 수는 없었다.

어느 날 유리가 산을 헤매다 집으로 돌아왔을 때였다. 지친 몸으로 아버지가 남기고 간 수수께끼 같은 말을 생각하며 우두커니 마루

에 앉아 있는데 문득 집 기둥에서 슬피 우는 듯한 소리가 났다. 유리는 이상한 생각이 들어 기둥을 자세히 살펴보았다. 기둥은 일곱 모서리로 깎인 소나무로 만든 것이었는데 모서리가 일곱인 주춧돌 위에 세워져 있었다. 순간 유리는 눈앞이 훤해지는 것만 같았다.

'그래, 이거야! 일곱 고개 일곱 골짜기는 바로 이 모서리들이고 돌 위의 소나무는 이 주춧돌 위의 소나무 기둥이었어.'

유리는 기둥을 찬찬히 살피다가 위쪽에 구멍이 나 있는 것을 발견했다. 그 구멍으로 손을 넣었더니 칼 같은 것이 만져졌다. 꺼내 보니 절반으로 부러진 칼날이었다.

유리는 기뻤다. 아버지가 남겨 주신 징표를 얻었으니 앞으로 어떤 어려움도 이겨 낼 것 같은 용기가 생겼다. 유리는 고구려로 갈 준비를 꼼꼼하게 한 뒤에 어머니와 함께 부여를 탈출했다. 친하게 지내던 세 벗도 함께 갔다. 마침내 고구려의 도읍에 도착한 유리는 일단 혼자 궁궐로 가서 동명왕을 만나기를 청했다.

유리를 만난 동명왕은 첫눈에 아들임을 알아보았지만 침착하게 징표가 있느냐고 물었다. 유리가 품에서 고이 간직하고 있던 부러진 칼날을 꺼내 바쳤다. 동명왕은 자신이 간직하고 있던 칼자루 부분을 칼날에 맞추어 보았다. 두 조각은 틈 하나 없이 들어맞아 하나의 완전한 단검이 되었다.

"너에게 남다른 재주가 있느냐?"

"활을 잘 쏩니다. 백 발을 쏘면 한 발도 목표물에서 빗나가지 않고

다 맞습니다."

"과연 내 아들이로다."

동명왕은 흐뭇한 얼굴로 유리를 바라보며 고개를 끄덕였다. 사실 동명왕은 그동안 혼인을 해서 왕비와 비류, 온조 두 아들을 두고 있었다. 하지만 동부여에 남겨 두고 온 첫째 부인과 아이가 늘 마음에 걸려 있었는데 마침내 이처럼 만나게 되어 기쁘기 한이 없었다.

동명왕은 맏아들 유리를 태자로 삼았다. 예씨 부인도 궁궐로 들어와 살게 되었고 같이 온 벗들도 벼슬을 받아 유리를 돕는 신하가 되었다. 이로써 새 나라 고구려는 동명왕이 다져 놓은 탄탄한 기틀을 발판 삼아 미래로 힘차게 뻗어 나가게 되었다.

하늘로 돌아가다

　햇살이 유난히 따사롭고 바람이 선선한 어느 가을날 아침이었다. 동명왕은 늘 따라다니는 시종들도 없이 홀로 궁궐 동쪽에 있는 졸본 언덕으로 올라갔다. 동명왕의 손에는 자주 들고 다니던 옥 채찍이 들려 있었다. 대소가 추격해 올 때 강물을 쳐서 물고기와 자라들로 이루어진 다리를 만들게 했던 채찍, 비류국 도성이 물에 잠겼을 때 물을 쳐서 줄어들게 했던 그 채찍이었다.

　동명왕은 지난 며칠 병을 앓아 자리에 누워 있었는데 채찍을 들고 언덕을 오른 지금은 몸도 가뿐하고 마음도 개운했다. 이윽고 언덕 꼭대기에 서니 위엄이 넘치는 평지 궁궐과 산 위에 우뚝 솟은 산성이 보였다. 도읍지를 유유히 흘러가는 비류수도 보였다. 지난 세월이 주마등처럼 눈앞을 스쳐 가면서 동명왕은 가슴이 벅차올랐다.

　아버지 해모수가 남긴 꿈, 그 꿈을 이루기 위해 온갖 어려움을 무릅쓰고 부여를 떠나왔다. 어머니도 남겨 두고 낯선 땅으로 와서 부지런히 애쓰고 노력한 끝에 마침내 백성들이 믿고 살 수 있는 나라를 세웠다. 백성들은 의식이 풍족하여 저마다 맡은 일을 열심히 한다. 아이들을 기르고 이웃들과 평화롭게 어울려 살아간다. 외적의 침입에 대비해 산성도 튼튼하게 쌓았고 나라의 기틀은 탄탄하고 태자도 세워, 앞으로 더 크고 강한 나라로 뻗어 갈 수 있다.

'아버지, 어머니. 이만하면 되지 않았습니까? 한순간도 게을리 살지 않고 최선을 다했습니다. 이제 그만 태자에게 나라를 물려주고 아버지 어머니께 돌아가도 되겠지요?'

동명왕은 하늘을 우러러보며 마음속으로 나지막하게 읊조렸다. 그 소리에 대답하기라도 하듯 귓가에 속삭이는 듯한 어머니 유화 부인의 목소리가 들렸다.

'그래, 아들아. 잘했구나. 이제 그만 돌아오려무나. 네 아버지도 나도 너를 기다리고 있단다.'

그 순간 커다란 황룡 한 마리가 하늘에서 휙 날아내리더니 동명왕의 발아래 머리를 조아렸다. 동명왕은 환하게 웃으며 황룡의 머리를 밟고 그 등 위로 훌쩍 올라섰다.

동명왕이 떠난 자리에는 옥 채찍만 남아 있었다. 때는 동명왕 19년, 왕의 나이 마흔 살이었다. 태자는 동명왕이 남긴 옥 채찍을 가지고 용산에 장사 지내고 왕호를 동명성왕이라 하였다. 동방을 밝게 비춘 성스러운 임금이란 뜻이었다.

청운의 꿈을 향해

주지 스님이 찻잔에 차를 따르자 방 안에 은은한 차향이 퍼졌다. 스님이 찻잔을 들자 이규보도 찻잔을 들어 차를 한 모금 마셨다. 작품을 끝내고 홀가분한 마음으로 마시는 차여서 그런지 혀끝을 적시는 차 맛이 유난히 부드럽고 향긋했다.

"지난번에 봤을 때보다 인물이 더 좋아 보이네. 편안해 보이기도 하고."

"저야 원래 한 인물 하지 않습니까. 언제 보시든 제 인물이야 훤하고 또 훤하지요."

이규보가 능청스럽게 말하자 스님이 빙긋 웃었다.

"안 하던 농담도 다 하고 마음에 여유가 많네그려. 혹시 서사시「동명왕 편」을 다 완성한 겐가? 이 조용한 산속에서 거사를 기쁘게 할 일은 그뿐인 것 같은데?"

"하하, 스님한테는 못 당하겠습니다."

이규보는 소리 내어 웃고는 품속에 넣어 가지고 온 장편서사시 「동명왕 편」을 꺼내 스님 앞으로 내밀었다.

"약속한 대로 스님께 제일 먼저 보여 드리는 겁니다."

스님이 책을 받아 펼치더니 첫 문장을 소리 내어 읽었다.

"원기판류혼 천황지황씨(元氣判流渾 天皇地皇氏), 음 오언시(五言詩, *시의 한 구절이 다섯 글자로 이루어진 한시)로군."

"네. 모두 이백팔십이 구(句), 천사백십 자(字)에 이릅니다."

"'한 덩어리의 원기가 갈라져서 천황씨, 지황씨가 태어났다.' 첫 구절부터 힘차게 나가는군. 아주 기대가 되네."

스님의 진심 어린 칭찬에 이규보의 얼굴이 살짝 상기되었다.

"옛 기록 속의 인물들과 함께 울고 웃으면서 내용에 꼭 맞는 표현을 찾으려고 무척 애를 썼지요. 어떤 때는 적절한 낱말이 떠오르지 않아 밤을 꼬박 새우기도 했지만 마침내 제대로 된 시구를 완성했을 때의 그 기쁨이라니! 아무튼 「동명왕 편」을 쓰는 내내 행복했습니다. 지난여름의 그 뜨거운 열기보다 더한 열정 속에서 살았으니 말입니다."

"이따가 조용할 때 내 한 구 한 구, 시에 담긴 뜻을 새기면서 잘 읽어 보겠네."

스님이 흐뭇하게 웃으며 「동명왕 편」을 책상 위에 놓았다. 책상 위에 아주 소중한 물건인 양 반듯하게 놓인 책을 보자 책을 쓰면서 느

겼던 여러 감정들이 새삼 가슴속에서 벅차올랐다. 하고 싶은 말이 절로 입 밖으로 술술 풀어져 나왔다.

"시를 쓰는 내내 『구삼국사』와 『삼국사기』 등 여러 역사책에서 읽었던 동명왕에 대한 많은 이야기들이 머릿속에서 회오리쳤지만 그중에서도 신이하고 놀라운 일들을 가려 뽑아 시로 썼습니다. 시란 본디 산문과 달라 생략하고 압축하고 또 비약이 있어야 그 생생한 멋이 사는 법이잖습니까. 하여 꼭 필요한 장면들을 골라내는 데 유난히 공을 들였지요. 사실 저는 신기하거나 괴이한 것을 좋아하지는 않으나 한 나라를 세운 왕의 비범함을 제대로 보여 주는 데는 그보다 더 좋은 것이 또 어디 있겠습니까! 그래서 나라를 세운 중국의 여러 왕들 또한 신이한 이야기를 많이 남긴 것일 테고요."

"아직 읽기 전이네만 누가 읽든 서사시의 신이한 이야기 속에 담긴 고구려의 생생한 역사를 느낄 수 있을 것이라 믿네. 그게 바로 거사가 「동명왕 편」을 쓴 이유일 거고."

스님이 자신의 의도를 알아준 것이 기뻐 이규보의 얼굴이 저도 모르게 더욱 빛이 났다.

"그렇습니다, 스님. 서사시인 까닭에 비록 생략한 부분은 많지만 그 행간에서 고구려를 세운 동명왕의 생생한 역사를 느낄 수 있도록 온 마음을 다했습니다. 시를 쓰면서 제가 느꼈던 가슴 벅찬 감동을 독자들도 느끼기를 바라면서요."

이규보는 다시 한 모금 차를 마셨다. 끓어오르던 감정이 차분해지면서 잔잔한 만족감이 마음속으로 스며들었다.

"가슴 벅찬 감동이라, 그게 어떤 것인지 말해 보게나. 듣고 싶구면."

"솔직히 제가 동명왕 이야기에서 끌렸던 부분은 신이한 이야기보다는 어려움에 맞서는 그분의 용기였습니다. 동명왕이 부여를 탈출하여 고구려를 세운 것은 스물두 살 때였지요. 지금의 저보다 몇 살 어린데도, 주변의 상황 또한 훨씬 나쁜데도 동명왕은 저처럼 현실에서 도망치지 않고 정면으로 맞서 싸워서 자신의 꿈을 이루었습니다."

동명왕이 세 벗과 더불어 부여를 탈출하는 장면을 쓸 때 느꼈던 감정이 문득 되살아나자 이규보는 잠시 말을 멈추었다. 물고기와 자라의 도움을 받아 대소의 추격을 따돌리고 마침내 강 건너편에 이르렀을 때는 마치 자신이 동명왕이 된 듯 가슴이 뛰었고, 한편으로는 어지러운 세상에 맞설 용기가 없어 산속에 숨어 버린 자신의 모습에 부끄러움을 느끼기도 했다.

"동명왕이 세상에 맞서 싸워 고구려를 세웠기에 오늘날 고려와 우리 백성들이 이렇게 존재하고 있는 것이 아닙니까? 아무 일도 시도하지 않으면 결국 아무 일도 일어나지 않는 법. 큰일을 이루려면 작은 일부터 저질러야 하는 법인데, 그것이 젊은 사람의 도리인데, 생각할수록 부끄럽습니다."

"때론 도피하거나 좌절하기도 하지만 그 잘못을 과감히 고칠 수 있으니 젊음이 좋은 것이고 아름다운 것이지. 늙으면 잘못을 인정하기도 쉽지 않고 고치기란 더더욱 어렵다네."

"제 마음속을 정직하게 들여다보라던 스님의 말씀, 제게 큰 깨우침이 되었습니다."

이규보가 스님을 향해 고개를 숙여 보이자 스님이 빙긋 웃었다.

"아니 거사는 이미 알고 있었던 게야. 자신의 마음속에도 오래전부터 나라와 백성들을 위해 뭔가 큰일을 하는 사람이 되고 싶다는 꿈이 꿈틀거리고 있었다는 것을. 어쩌면 어지러운 세상은 핑계였고 그 세상과 제대로 맞서 싸울 만한 진정한 용기가 없었던 것인지도 모르지."

이규보는 잔을 들어 차를 마셨다. 스님의 말씀은 어떤 면에서 옳았다. 동명왕이 많은 어려움 속에서 나라를 세우고 지칠 줄 모르는 용기와 노력으로 나라의 기틀을 단단히 닦아 나가는 장면을 쓰면서 이규보는 자신의 마음 깊은 곳에 감추어 두었던 꿈이 심장처럼 쿵쿵 소리 내며 뛰는 소리를 들었으니까. 동명왕을 본받아 이제 자신도 그 소리에 정직하게 귀 기울여야 한다는 사실 또한 깨달았으니까.

그것은 서사시「동명왕 편」을 쓰지 않았다면 결코 얻지 못했을 귀한 깨달음이었다. 아마도 그래서『구삼국사』의「동명왕본기」를 읽는 순간 그처럼 강렬하게 서사시로 쓰고 싶은 뜨거운 열망을 느꼈던 것인지도 모른다. 하여, 글을 쓰는 내내 저 넓은 대륙을 꿋꿋한 기상으로 말을 타고 달리던 동명왕과 씩씩한 고구려인들의 모습이 눈앞에서 어른거렸던 것이리라. 가슴이 두근거리도록 장하고 통쾌한 그 모습은 시를 마친 지금까지도 계속 눈앞에 어른거리고 있었다.

"어쨌든 스님께서 귀한 불씨 하나를 던져 주셨기에 제가 찬란한 불꽃 한 송이를 피울 수 있었습니다. 고맙습니다."

"나이 든 어른으로서 당연히 해야 할 말을 해 준 것뿐인데, 쑥스럽구먼."

"좋은 가르침도 주시고 이렇게 겸손하기까지 하시면 이거 반칙 아닌가요?"

"그런가, 하하."

스님과 함께 한바탕 웃고 나서 찻잔에 남은 차를 마저 마셨다. 그러고 나서 이규보는 스님에게 꼭 하고 싶었던 말을 마침내 꺼냈다.

"「동명왕 편」을 쓰면서 깨달았습니다. 세상이 제 마음에 들지 않는다고 이렇게 산속에 숨어 있는 것은 올바른 태도가 아니라는 것을요. 산속에서 흰 구름만 노래하고 있다고 해서 세상이 바뀌지는 않습니다. 무신들이 판치는 어지러운 세상을 바꾸려면 일단 세상으로 나아가 제힘이 닿는 한 조금씩이라도 바꾸어 가도록 노력해야 하지 않겠습니까? 하여 저는 이곳 천마산을 떠나 다시 청운의 꿈을 꾸어 볼 겁니다. 제가 꿈꾸었던 좋은 세상을 만들려면 벼슬자리에 올라 좋은 관리가 되어 백성들을 위한 일들을 하나씩 둘씩 해 나가는 것이 마땅하지요. 이것이 제가 서사시를 쓰면서 동명왕에게서 배운 것입니다."

스님은 이제 아무 대답도 하지 않았다. 다만 이규보를 바라보며 웃음 띤 얼굴로 고개를 끄덕일 뿐이었다. 이규보도 스님을 마주 보며 조용히 웃었다.

조금 뒤 이규보는 스님 처소를 나와 자신의 처소로 향했다. 그러다 어느 순간 하늘에 눈길을 주었다. 맑게 갠 가을 하늘에는 흰 구름이, 너무 하얘서 푸른빛이 도는 푸른 구름이 둥실 떠 있었다.

이규보는 마치 그 푸른 구름의 세상 속으로 나아가듯이 자신의 처소를 향해 성큼성큼 발걸음을 옮겼다.

부록

1. 「동명왕 편」은 어떤 작품인가?
2. 이규보가 「동명왕 편」을 쓴 이유
3. 이규보의 삶
4. 「동명왕 편」에 담긴 상징의 의미

1. 「동명왕 편」은 어떤 작품인가?

「동명왕 편」은 '고려 500년 역사에서 가장 뛰어난 시인'이라 일컬어지는 이규보가 그의 나이 26세 때 지은 한문 서사시이다. 한 구절이 다섯 글자로 이루어진 오언시 형식으로, 무려 282구에 이른

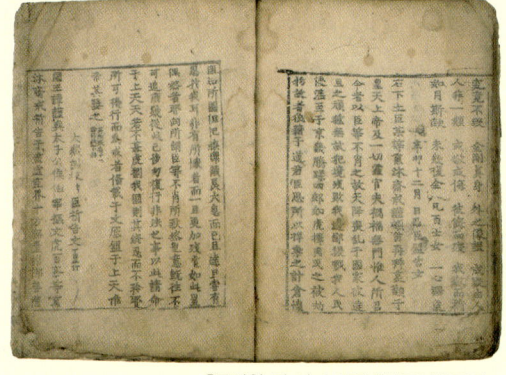

「동명왕 편」이 수록된 「동국이상국집」

다. 본시(本詩)는 글자 수가 모두 1410자이고 주석과 서문이 2000자가 넘는 대작이다.

고구려 건국 신화를 웅장하고 자유분방하게 그려 낸 「동명왕 편」은 이규보의 개인 시문집인 『동국이상국집』 제3권에 수록되어 현재까지 전해 내려오고 있다.

이규보는 우리 고대 신화 중에서 가장 극적이고 풍부한 이야기를 담고 있는 고구려 건국 신화를 바탕으로 「동명왕 편」을 창작했는데, 작품은 모두 세 장(章)으로 이루어져 있다. 첫 번째 서장(序章)에서는 동명왕 탄생 이전의 중국 고대 제왕들의 신화적 탄생을 그렸고, 두 번째 본장(本章)에서는 동명왕의 신비로운 출생에서부터 숱한 고난을 극복하고 고구려를 건국하기까지의 과정을 노래했으며, 마지막 종장(終章)에서는 후계자인 유리왕의 이야기 및 작가의 느낌을 덧붙여 서술했다. 이 책 『주몽, 고구려를 세우다』는 「동명왕 편」의 본장을 풀어 쓴 내용이다.

2. 이규보가「동명왕 편」을 쓴 이유

이규보는「동명왕 편」서문에서 자신이 왜 이 작품을 쓰게 되었는지 그 집필 의도를 자세히 밝혀 놓았다. 서문에 따르면 그는 모든 고려 사람들이 그러하듯 일찍부터 동명왕에 관한 신비한 이야기들을 잘 알고 있었지만 처음에는 유학자답게 그냥 황당한 이야기로 생각하고 웃어넘겼다고 한다. 그러다 그의 나이 26세였던 계축년(1193년)에『구삼국사』를 구해 읽고는 신화에 담긴 역사성에 감동하여「동명왕 편」을 집필하기에 이르렀다.

이규보가 젊은 나이에 동명왕 신화에 감동받아 서사시를 쓰게 된 것은 아마도 그 시대의 영향이 컸을 것이다. 이규보가 살았던 시대는 결코 편안한 시절이 아니었다. 우선, 이규보가 세 살 아이였던 1170년에 무신의 난이 일어났다. 그것은 하루아침에 일어난 일이 아니라 이미 고려 초기부터 그 싹을 틔운 일이었다.

고려는 초기부터 제도적으로 무신을 문신 아래 두었다. 무신은 정3품인 상장군 이상의 높은 자리에는 오르기 어려웠고, 가장 높은 자리는 언제나 문신들이 독차지했다. 심지어 당연히 무신들이 맡아야 할 군대의 최고 사령관 자리조차 문신들 차지였다. 거란의 침입을 물리친 강감찬, 여진족을 물리치고 9성을 쌓은 윤관, 묘청의 난을 해결한 김부식 등은 모두 문신으로 최고 사령관 자리에 올라 무신들을 거느렸다. 이렇듯 무신들은 고려 초기부터 계속해서 문신과 차별을 받았다. 권력을 독차지한 문신들은 무신들을 업신여기며 횡포를 부렸고, 무신들의 가슴에 쌓인 울분과 불만은 나날이 높아져만 갔다.

그러다 고려 인종 22년인 1144년에 무신에 대한 문신들의 횡포를 상징적으로 보여 주는 사건이 일어났다. 궁궐에서 나례(*모든 재앙과 병의 원인이 되는 잡귀를 쫓는 의식) 행사가 끝나고 잔치판이 벌어졌을 때였다. 술에 취해 장난기가 발동한 젊은 관리 김돈중이 궁궐을 지키는 정중부 장군의 수염을 촛불로 태워 버렸다. 화가 머리끝까지 난 정중부는 김돈중을 잡아서 여러 차례 때렸다.

　그런데 김돈중은 조정의 실력자인 김부식의 아들이었다. 김부식은 아들의 잘못은 생각지 않고 도리어 화를 내며 정중부를 벌주어야 한다고 임금에게 청하기까지 했다. 막강한 문신 세력을 무시할 수 없었던 인종은 김부식의 말을 들어주면서 한편으로는 정중부에게 잠시 피해 있으라고 일렀다. 정중부는 억울했지만 왕의 말을 따를 수밖에 없었고, 그 뒤에도 문신들의 무시와 횡포가 계속되면서 무신들의 불만은 걷잡을 수 없이 커져만 갔다.

　인종의 뒤를 이은 의종은 이러한 무신들의 불만을 알아차리지 못한 채 경박한 문신들과 놀이를 일삼으면서 호화롭고 사치스런 날을 보냈다. 나라 안은 몹시 어지러워졌고 무신들에 대한 문신들의 천대도 극도로 심해졌다.

　그러다 의종 24년 여름, 의종이 신하들과 함께 보현원에서 더위를 피하고 있을 때였다. 젊은 문신 한뢰가 나이가 든 이소응 장군과 무술을 겨루다가 장군을 욕하고 뺨을 때리는 사건이 일어났다. 이 일로 그동안 참아 왔던 무신들의 분노가 마침내 폭발하여 정중부를 비롯한 무신들은 칼을 뽑아 한뢰를 죽이고 난을 일으켰다. 그들은 권력을 차지하고 있던 거의 모든 문신들을 죽이고 왕마저 폐위한 뒤 죽였다. 정중부의 수염을 태웠던 김돈중 역시 이때 죽었다. 정중부와 무신들은 왕의 동생을 국왕으로 세웠는데, 바로 19대 임금 명종이다.

　이때가 1170년이고 이로부터 정권은 자연히 정중부와 무신들 손으로 넘어갔다. 비록 정변으로 지배층은 바뀌었지만 허수아비 왕을 세운 무신들의 횡포는 전날의 문신들보다 더 심했다. 백성들이 권력자들에게 재산을 강제로 빼앗기는 일이 자주 일어났고, 툭하면 무력에 의해 권력자가 바뀌어서 정치는 한없이 어지러워졌다. 이규보가 「동명왕 편」을 쓴 1193년까지 23년 동안 정중부에서 경대승, 그리고 이의민으로 세 번이나 권력자가 바뀌었다. 이러다 보니 중앙 정부의 통제력이 약해졌고 지방에서 군사를 이끌고 반란을 일으키거나 일반 농민이나 천민들이 난을 일으키는 일이 자주 일어났다.

이런 혼란스러운 시기에 청년 시절을 맞은 이규보는 세상에 대한 꿈이 컸던 만큼 좌절도 컸고 그만큼 나라와 백성에 대한 연민도 클 수밖에 없었다. 아울러 좌절을 극복하고 자신의 꿈을 실현하고픈 욕망 또한 강했다.

바로 그때 『구삼국사』를 읽고 이규보는 동명왕의 진취적 기상과 어떤 어려움에도 꺾이지 않는 용기에 큰 감동을 받았다. 고려의 뿌리가 고구려인 만큼 내 나라에 대한 사랑과 자부심 또한 한층 강렬하게 솟아나 그 기세로 「동명왕 편」을 쓰게 된 것이다. 이규보는 자신의 이런 마음을 서문에서 다음과 같이 밝혀 놓았다.

> "동명왕 이야기를 시로 쓰고 세상에 펴서 우리나라가 원래 성인지도(聖人之都), 다시 말해 성인이 세운 나라임을 널리 알리고 싶어 작품을 쓰게 되었다."

사실 이규보 이전의 문신들에게는 고려가 아니라 중국이 세상의 중심이라는 역사의식이 널리 퍼져 있었다. 그러다 무신의 난을 겪으면서 구시대 문신들이 몰락하고, 지난날의 낡은 역사관에서 벗어나 자주적이고 진취적인 역사관을 가진 새로운 사대부들이 등장했다. 이규보는 이러한 신흥사대부의 대표적인 인물이었다. 그는 중국 신화가 아니라 우리 신화에서 소재를 가져와 우리의 민족적 우월성 및 고려가 위대한 고구려를 계승하고 있다는 자부심을 후세에 길이 전하겠다는 의도로 「동명왕 편」을 썼다. 그리고 그 의도는 현재까지 고스란히 전해 내려와 오늘을 사는 우리에게도 큰 자부심과 감동을 전해 주고 있다.

3. 이규보의 삶

신동 이인저

이규보는 이의민이 정권을 잡고 있던 1168년 경기도 황려현(*현재 여주시)에서 태어났다. 아버지는 호부낭중이라는 낮은 벼슬을 살고 있었는데, 가문이 비록 권세는 없어도 대대로 유학자가 나온 뼈대 있는 문인 집안이었다. 이규보의 어린 시절 이름은 인저였고, 7세 때 아버지를 따라 개경으로 와서 살았다.

그는 어려서부터 남달리 총명했고 특히 시를 잘 지었다. 11세 때 작은아버지가 인저를 불러 여러 사람들 앞에서 시를 써 보라고 했다. 그러자 그는 상 위에 놓인 술잔과 붓과 종이를 살펴보더니 이내 이런 시를 썼다.

'종이 위에는 모학사가 다니고 술잔 속에는 국 선생이 들어 있네.'

사람들은 모두 감탄하면서 어린 인저를 신동이라고 칭찬했다. 모학사는 붓을 말하고 국 선생은 술을 일컫는 것인데, 어린아이답지 않게 운율에 맞는 적절한 비유를 써서 붓으로 글을 쓰는 모습과 술잔에 담긴 술을 한시로 써냈던 것이다.

이인저가 16세 되던 해인 1183년 봄, 아버지가 지방관이 되어 수주(*현재 수원시)로 내려갔다. 인저는 개경에 머물면서 과거 시험인 사마시를 보았지만 합격하지 못했고 가을에는 아버지가 있는 수주로 내려갔다. 2년 뒤 다시 개경으로 올라와 과거 시험을 보았으나 역시 합격하지 못했다. 이듬해 아버지가 벼슬을 그만두게 되어 개경으로 올라왔고 인저는 20세인 그다음 해에 과거를 보았으나 또 낙방했다.

어렸을 때부터 시를 잘 지어 신동이란 칭찬을 듣던 이인저가 이처럼 과거 시험에 연거푸 세 번 떨어진 것은 첫째, 규칙에 얽매이기 싫어하는 그의 성격 때문이었다. 과거 시험은 정해진 규칙과 형식대로 문장을 써야 하는데 어렸을 때부터 자유분방하고 감흥이 올 때 즉흥적으로 시 짓기를 좋아했던 그로서는 과거 시험의 형식에 맞추기가 쉽지 않았던 것이다.

게다가 그 무렵 그는 고려 중기의 유명한 문인인 이인로를 비롯한 7명의 옛 사대부들과 가깝게 지내고 있었다. 그들은 모두 무신의 난 때 벼슬자리를 잃거나 집안이 몰락한 문인들로, 무신들의 횡포를 피해 산중에 숨어 살거나 방랑 생활을 하고 있었다. 그들은 모임을 통해 현실을 비판하는 글을 쓰곤 했는데 글재주가 뛰어난 이인저 역시 그 모임에 참석해 시를 짓게 되면서 그들과 친해졌다. 그는 자신보다 나이가 훨씬 많은 문인들에게서 세상살이를 배웠고 어지러운 정치 현실에도 눈을 떴다.

이런 이유로 이인저는 무신 정권 아래서 과거를 보거나 벼슬을 지내는 일을 그리 달갑게 여기지 않게 되었고, 그 결과 뛰어난 학식과 재능을 가지고 있으면서도 연거푸 세 번이나 과거 시험에 불합격했던 것이다.

규성이 알려 준 장원급제

젊은 그는 시를 짓는 일에서나 정치적인 견해에서 무턱대고 7명의 옛 사대부들을 따르지는 않았다. 그들처럼 현실을 비판하는 시를 쓰면서도 자신만의 독자적인 시 세계를 개척해 나갔고 현실적인 면에서도 가난한 집안을 일으켜 주기를 바라는 아버지의 뜻을 저버리지 않고 나름대로 부지런히 과거 공부를 했다. 어지러운 현실이지만 일단 과거에는 합격해 놓아야 언젠가는 벼슬자리에 나아가 자신의 포부를 펼칠 수 있기 때문이었다.

이인저가 22세가 되던 해에 다시 과거 시험이 있었다. 네 번째 과거 시험을 보러 가기 전날 그는 이상한 꿈을 꾸었다. 꿈에서 그는 산속 정자에 여러 노인이 둘러앉아 술을 마시고 있는 모습을 보았다. 아무리 보아도 예사 노인이 아니라 도사나 신선이 분명했다. 그렇다면 사람의 앞일도 알고 있지 않을까. 세 번이나 과거 시험에 떨어졌던 이인저는 이번 시험에 합격하게 될 것인지 그것이 가장 궁금했다. 그는 정자로 다가가 노인들에게 공손하게 인사하고는 조심스럽게 물었다.

"보아하니 도인들이신 것 같은데 부디 제 부탁 하나만 들어주십시오. 제가 이번 시험에 합격할 수 있을지 꼭 알고 싶습니다."

이인저 바로 가까이에 앉아 있던 노인이 빙그레 웃으며 맞은편 노인을 가리켰다.

"저분께 여쭙게. 저분이 글을 주관하는 규성이시거든."

　규성은 28수 별자리 중 하나로, 각각 별자리마다 맡은 일이 달랐다. 비로소 이인저는 노인들이 28수 별자리 신선들임을 알아차렸다. 그는 규성 노인에게 다시 한 번 공손히 절하고는 이번 과거에 합격할지 거듭 물었다. 그러자 규성 노인이 고개를 끄덕이더니 입을 열었다.

"자네의 간절함이 내 마음을 움직여서 특별히 알려 주는 것이니 혼자만 알고 있게나. 자네는 이번 시험에 장원급제할 것이네."

　놀라고 기뻐하다 깨어 보니 꿈이었다. 과연 그 꿈대로 이인저는 다음 날 시험에서 장원급제를 했다. 이때부터 그는 이름을 규보로 바꾸었다. 규성 규(奎) 자에 알릴 보(報) 자, 규성이 알려 주었다는 뜻이었다.

백운거사 이규보

　바라던 대로 장원급제를 했지만 이규보는 자신의 뜻을 펼칠 기회를 얻지 못했다. 그 무렵은 무신 정권기 중에서도 가장 어지러운 시절로, 정중부와 경대승을 거쳐 이의민이 정권을 잡고 있었다. 이의민은 무신 시대 여러 권력자들 중에서 지도자의 자질이 가장 모자라는 인물이었다. 그는 무인답게 힘은 무척 셌지만 학식이나 문학적 교양은 전혀 없었다. 법이나 상식이 아니라 자신의 힘과 미신에 의지하여 나랏일을 해 나갔으며 뇌물을 받고 관직을 팔고 백성들의 집과 땅을 함부로 빼앗았다. 이런 형편이었으니 아무리 장원급제를 해도 재물이 많거나 권력자가 밀어주지 않으면 작은 관직조차도 오르기가 어려웠다.

　자신이 살고 있는 시대에 새삼 실망과 좌절을 느낀 이규보는 답답한 마음을 달래려 여러 곳을 떠돌아다녔다. 그때 그는 무거운 세금과 관리들의 횡포로 인해 힘겹게 살아가는 백성들의 고된 삶에 눈을 떴다. 그나마 양심적인 관리가 다스리는 곳은 백성들이 살기가 조금 나았다. 그는 좋은 관리가 되는 일이 얼마나 중요한지 깨달았다. 기회가 닿기만 한다면 나라와 백성을 위해 성심껏 일하리라 다짐했지만 기회가 다가올 낌새조차도 보이지 않아 답답하기만 했다.

그러다 그의 나이 24세 때 아버지가 돌아가셨다. 늘 아들이 벼슬길에 올라 집안을 일으키고 큰 뜻을 펼치기를 응원해 주던 아버지였다. 마음으로 많이 의지하던 아버지가 너무 일찍 세상을 떠나자 이규보는 더더욱 세상일이 허무하고 부질없이 느껴졌다.

마음을 잡지 못해 방황하던 그는 개경 천마산으로 들어갔다. 자연 속에서 아버지를 여읜 슬픔을 달래면서 시 창작에만 몰두했다. 그 무렵 그는 '백운거사'라는 호를 지어서 썼는데, 속세를 떠나 흰 구름과 더불어 한가로이 살고 싶은 그의 심정이 그대로 담긴 호였다.

하지만 속세를 완전히 버리고 산속에 숨어 살기에는 그의 나이가 너무 젊었다. 어쩔 수 없이 산속에 숨어 살지만 피 끓는 젊은이였던 만큼 세상에 나아가 자신의 이상을 펼쳐 보고 싶은 소망 또한 컸다. 게다가 돌아가신 아버지를 대신하여 집안을 일으켜야 한다는 생각도 늘 마음 한구석을 무겁게 내리누르고 있었다.

동명왕을 만나다

이규보는 26세 되던 해 봄에 『구삼국사』를 읽다가 동명왕을 만났다. 우리 것보다 중국 것에 더 관심을 보이는 옛 사대부들과는 달리 자주적이고 진취적인 신흥사대부였던 이규보는 중국 신화 못지않은 스케일과

풍성한 내용의 동명왕 신화에 푹 빠졌다. 동명왕이 다스렸던 드넓은 대륙, 고려의 뿌리인 고구려의 그 광활한 대륙을 생각하노라니 내 나라 고려에 대한 뜨거운 애정이 솟구쳤다. 부디 고려가 고구려의 꿋꿋한 기상을 되찾아 부강한 나라로 발전해 나가기를 빌었다. 또한 고난을 극복하면서 꿈을 이루어 나가는 동명왕의 모습에서 고려의 젊은이로서 자신이 어떻게 살아야 하는가에 대한 깨달음도 얻었다.

평양에 있는 동명왕의 석상

그 각성과 감동에 힘입어 그해 여름 그는 「동명왕 편」을 완성했다. 그의 대표 작품 중 하나인 「동명왕 편」뿐 아니라 그 밖의 중요한 몇몇 작품들을 그는 이 천마산 시절에 창작했다. 역사상 많은 문인들이 불우한 시절에 오히려 주옥같은 작품을 창작했듯이, 이규보 역시 불우했던 젊은 시절에 불후의 명작들을 창작해 냈던 것이다. 그리고 나서 얼마 뒤에 그는 천마산을 떠나 세상으로 돌아왔다.

마침내 찾아온 기회

이규보의 나이 29세 때인 1196년 4월에 최충헌이 이의민을 죽이고 정권을 잡았다. 최충헌 역시 무인 집안 출신이었지만 그전의 권력자들과는

이규보 영정

달리 무인 기질보다는 문인 자질을 더 많이 갖춘 인물이었다. 그는 무인다운 과감한 결단력으로 정권을 잡은 뒤 자신의 학문적 소양을 바탕으로 문인들을 등용하여 정권을 안정시켰다. 그 결과 최씨 무신 정권은 그 후 60년 동안이나 계속될 수 있었다. 그는 왕도 마음에 들지 않으면 마음대로 바꾸고 함께 정변을 일으킨 동생을 죽일 정도로 냉혹한 인물이었으나 한편으로는 자신의 정권 안정에 도움이 될 만한 인물을 과감히 발탁하여 함께 정치를 해 나갔기 때문에 문신과 무신이 나름대로 균형을 잡아 정권을 안정시킬 수 있었다. 이처럼 최충헌의 등장으로 정치에 서서히 변화의 바람이 일기 시작했고, 덕분에 그동안 정치에서 밀려난 문신들도 조금씩 기회를 얻게 되었다.

장원급제를 하고 나서도 오래도록 벼슬자리를 얻지 못해 떠돌던 이규보에게도 마침내 기회가 왔다. 그의 나이 32세 때의 일이다. 그해 5월에 최충헌은 꽃이 아름답게 핀 자신의 정원으로 그 당시 최고의 시인으로 칭송받는 이인로 등 문인들을 초대해 시를 짓게 했다. 이인로와 친하게 지냈던 이규보도 그 자리에 참석하여 시를 지었다. 「석류꽃」이라는 시였는데 최충헌은 그 시를 읽고는 이규보의 재능을 알아차렸다. 그리하여 6월에 드디어 이규보는 전주 목사록 겸 서기로 벼슬길에 올랐다. 비록 그리 높지 않은 하급 관직이었지만 이듬해 12월 동료의 모함으로 그만둘 때까지 최선을 다해 일했다. 그 이후에도 여러 차례 지방과 중앙에서 하급 관리로 지내면서 백성들의 고단한 삶과 나라의 여러 가지 어려운 형편을 깊이 체험했고, 그 체험들은 모두 시로 창작되어 나왔다.

이규보의 나이 46세인 1213년 12월, 최충헌의 아들 최우가 밤에 잔치를 열고 이인로를 비롯한 그 시대 최고의 시인들을 초대했다. 물론 이규보도 함께 초대를 받았다. 이인로와 그날 초대받은 문인들은 모두 관직이 높았는데 이규보만 8품의 낮은 관직에 있었다.

밤이 깊어지고 잔치가 무르익자 최우는 이규보의 재주를 시험해 보고 싶어 이인로에게 시운을 부르게 하고 이규보가 그 운에 맞추어 시를 짓도록 했다. 한시는 엄격한 규칙에 따라 1운에 5자 혹은 7자로 이루어진 구절 두 개를 맞추어 지어야 하기 때문에 여느 사람은 몇 구절 짓는 데 반나절이 넘게 걸리곤 했다. 그런데 이규보는 이인로가 무려 40운이나 불렀는데도, 막힘없이 80구절에 이르는 시를 바로 써 내려갔다.

그의 재능에 놀란 최우는 다음 날 아침 아버지 최충헌에게 가서 그 시를 보이면서 이규보의 재주를 시험해 보라고 했다. 최충헌은 이규보를 불렀다. 그러고는 최우에게 뜰에 있는 공작을 시제로 삼아 운을 부르게 했는데 이규보는 한 번도 붓을 멈추는 일 없이 40여 운이나 되는 긴 장편시를 단숨에 썼다. 최충헌은 눈물까지 흘리면서 감탄하고는 이규보에게 원하는 관직을 물었다.

"지금이 8품이니 7품이면 족합니다."

좋은 기회이기는 했지만 이규보는 권력자의 힘을 빌려 단숨에 높은 벼슬을 얻고 싶지는 않았다. 이규보의 뜻을 높이 산 최충헌은 그에게 6품 벼슬을 내렸고 2년 뒤에 우정언이라는 비교적 높은 벼슬자리로 승진시켜 주었다. 그때부터 비교적 벼슬살이가 순조로웠으나, 그의 나이 52세 때는 사소한 실수로 지방으로 쫓겨 가는 불운을 겪기도 했다. 그 무렵 최충헌이 죽었고 아들들이 정권 다툼을 벌였다. 이듬해 이규보를 아끼는 최우가 정권을 잡자 그는 다시 개경으로 돌아와 더 높은 관직에 올랐고 이후 벼슬길은 더욱 탄탄해졌다.

1230년 11월, 63세의 이규보에게 또다시 어려움이 닥쳤다. 나라의 큰 행사인 팔관회를 격식대로 치르지 않았다는 죄로 위도로 귀양을 가게 된 것이다. 이듬해 1월에는 유배지가 바뀌어 고향 황려현으로 갔다가 7월에는 다시 개경으로 왔다.

바로 이 해 8월에 몽골군이 고려를 침략해 왔다. 고려는 침략에 맞서 싸웠으나 사납고 수가 많은 몽골군에 밀려 연말에는 수도 개경이 포위되는 지경에 이르렀다. 이렇게 되자 조정에서는 화친하기로 결정하고 몽골에 보낼 외교 문서 작성을 서둘렀다. 외교 문서는 문장 한 줄, 글자 하나라도 신중하게 써서 원하는 것을 얻어 내야 하는 까닭에 작성하기가 매우 까다로웠다. 조정에서는 그 일을 가장 잘해 낼 수 있는 사람은 이규보라는 결론을 내렸고 그때부터 이규보는 나라를 위해 몽골에 보낼 외교 문서를 도맡아 쓰게 되었다. 다음 해 65세의 이규보는 완전히 귀양에서 풀려 다시 높은 직책을 맡게 되었다.

문순공 이규보

그의 나이 69세인 1236년, 나라에서는 흐트러진 민심을 다잡고 부처의 힘으로 외적을 물리치기 위해 제1차 몽골의 침략 때 불타 버린 대장경을 다시 새기는 일을 시작했다. 이때도 이규보는 높은 관직에 있었는데 나이도 들고 건강도 좋지 않다는 이유로 사직하려 했으나 최우가 허락하지 않아 계속 나랏일을 보았다. 이듬해

팔만대장경 부처의 힘으로 몽골군을 물리치고자 만든 팔만대장경. 현재 경남 합천 해인사에 보존되어 있다.

에는 명을 받고 나라와 민족을 수호하는 뜨거운 마음이 담긴 「대장경각판군신기고문」을 지었으며, 원하던 대로 마침내 벼슬에서 물러났다. 그 후 그는 집에서도 계속 조정에 필요한 글이며 다른 나라에 보낼 외교 문서를 도맡아 썼다.

  1241년 74세의 이규보는 병환이 심해져 자리에 누웠다. 7월에 병이 심해지자 최우가 의술이 뛰어난 의원을 보내 치료하게 했지만 별 효과가 없었다. 최우는 이규보를 위로하기 위해 그의 문집을 만들도록 했는데 그는 결국 그 문집이 완성되는 것도 못 본 채 9월 2일 세상을 떠났다. 임금인 고종은 사흘 동안 나랏일을 보지 않았고 이규보에게 '문순공'이란 시호를 내렸다. 그는 그해 12월 6일 강화도 진강산 동쪽 기슭에 묻혔다.

  문순공 이규보는 정치가 어지러운 무신 시대에 태어나 우여곡절을 겪으며 벼슬살이하면서도 나라와 민족에 대한 사랑은 한시도 잊지 않았던 시인이자 정치가였다. 역사를 보는 관점에 따라서는 그가 최씨 정권과 긴밀한 관계였다는 사실에 대해 비판적일 수도 있겠지만 그로서는 자신이 처

강화도에 위치한 이규보의 묘

한 상황에서 할 수 있는 최선을 다한 것이었다. 그는 호방한 필치와 독창적인 시풍으로 많은 뛰어난 시와 문장을 남겼는데 작품집으로는 장편서사시 「동명왕 편」이 실린 『동국이상국집』, 『백운소설』, 『국선생전』 등이 있다.

4. 「동명왕 편」에 담긴 상징의 의미

신화나 전설은 결코 허황되거나 과장된 이야기가 아니라 그 바탕에는 대부분 역사가 깔려 있다. 그래서 많은 역사학자들이 신화를 연구하여 그 시대의 역사를 밝혀내곤 한다.

특히 나라를 다스리는 데 건국 시조의 신성함과 권위가 꼭 필요했기 때문에 건국 신화에는 반드시 역사에 신화가 덧입혀지곤 했다. 고대로 갈수록 특히 그러했는데, 광개토왕릉비 비문에도 시조인 동명왕의 신비스러운 이야기가 당당하게 역사로 기록되어 있다. 이

광개토대왕릉비 중국 지린성에 위치한 광개토대왕릉비. 비문에 동명왕 이야기가 기록되어 있다.

처럼 모든 건국 신화에는 그 시대의 역사가 암호와 같은 상징으로 나타나 있다. 그렇다면 「동명왕 편」에서는 어떤 상징들이 역사를 알려 주고 있는지 살펴보자.

해모수와 하백

동명왕은 다른 건국 신화의 시조들처럼 그 신분이 신성하고 비범하다. 아버지는 하늘의 아들인 해모수이고 어머니는 물의 신 하백의 딸인 유화이다. 고대 사회에서는 국가가 형성되기 전에 부족들 간의 전쟁이 잦았는데, 앞선 무기와 문화를 가진 부족이 다른 부족을 침략하여 세력과 영토를 넓혀 가다가 마침내 나라를 세우곤 하였다. 그 과정에서 승리한 부족은 그것이 하늘의 뜻이고 자신들은 하늘의 자손이라는 명분을 만들어 다른 부족을 통합하거나 다스리곤 했다. 또 하늘 높은 곳에서 아래로 내려왔다는 것은 실제로는 북쪽에서 남쪽으로 내려왔다는 의미로, 역사학자들은 해모수가 발달한 무기와 문화를 가지고 북쪽에서 내려온 유목민 계통의 우두머리거나 그 아들로 판단하고 있다.

한편 하백은 압록강 주변에 터를 잡고 오래도록 살아온 토착민 세력으로 북방 유목민 부족의 침략을 받아 전략적으로 결혼 동맹을 맺은 것으로 보인다. 「동명왕 편」에서 해모수와 하백이 변신하면서 싸우다 마지막에 해모수가 이기는데, 그 장면은 두 부족 간의 전쟁을 상징적으로 그린 것이라 할 수 있다.

알에서 나온 주몽

금와왕의 궁궐에서 살게 된 유화 부인은 여느 아기가 아니라 커다란 알을 낳는다. 둥근 알은 하늘 또는 태양을 상징하는 것으로, 알에서 태어난 인물이 보통 사람이 아니라 하늘 또는 태양의 아들, 곧 신성한 존재임을 의미한다. 우리나라 고대 건국 신화는 대부분의 시조들이 알에서 태어나는 난생(卵生) 신화인데, 박혁거세나 김수로왕의 경우처럼 하늘에서 알이 바로 내려오는 경우가 있고 동명왕처럼 인간인 어머니를 통해 태어나는 경우가 있다. 이 중 두 번째 경우는 첫 번째보다 더욱 인간적인 면이 강조되고 따라서 이야기가 한층 풍성해진다. 알에서 태어났다는 이유로 버림받고 고난을 겪다가 마침내 그 고난을 극복하고 대업을 이루면서 영웅으로 성장해 가는 동명왕의 모습은 진취적이고 역동적인 고구려의 역사를 상징한다.

그 밖의 상징들
-사냥

「동명왕 편」에서 사냥에 관한 이야기가 중요한 요소로 등장한다. 고대 사회에서는 민가까지 내려와 농사를 해치는 사나운 짐승들의 수를 사냥으로 조절했고 한편으로는 식량을 얻기도 했다. 뿐만 아니라 사냥을 통해서 전쟁에 대비한 군사 훈련도 할 수 있었기에 사냥은 고대 사회에서 아주 중요한 행사였다. 사냥을 잘하려면 말을 잘 타고 활을 잘 쏘아야 했고, 짐승을 찾고 몰아가는 전략과 판단력, 몰이꾼들을 이끄는 통솔력과 협동심 또한 반드시 필요했다. 그리고 이러한 능력들은 나라를 제대로 다스리고 전쟁을 승리로 이끄는 지도자의 능력이기도 했다. 주몽이 어려서부터 활을 잘 쏘고 사냥을 잘했다는 것은 나라를 제대로 다스릴 지도자의 능력을 이미 갖추었다는 뜻이고, 그 때문에 다음 왕위 계승자인 대소는 주몽을 그토록 경계할 수밖에 없었던 것이다.

－숫자 3

동명왕 신화뿐 아니라 고대 신화에서는 숫자 3이 자주 나온다. 이것은 서양도 마찬가지여서 동서양이 모두 숫자 3을 완전한 수로 생각했던 것 같다. 동양에서는 하늘·땅·사람, 즉 천지인 삼재(三才) 사상에서 숫자 3을 완전한 수로 생각했는데 「동명왕 편」에서도 해모수·주몽·유리로 이어지는 3대의 인물, 주몽의 세 벗, 하백의 세 딸 등 숫자 3이 등장한다. 고구려 벽화에는 고구려를 상징하는 새, 세 발 달린 까마귀 삼족오가 그려져 있고, 우리 민족 최초의 건국 신화인 단군 신화에서도 환인·환웅·단군, 그리고 천부인 세 개가 중요한 요소로 등장하여 고대 우리 조상들의 삼재 사상을 상징적으로 보여 주고 있다.

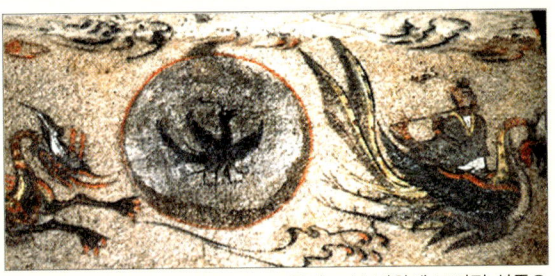
고구려 고분 벽화에 그려진 삼족오

－유화 부인이 준 곡식

「동명왕 편」에서 주몽이 부여를 떠날 때 어머니 유화 부인은 다섯 가지 곡식 씨앗을 준다. 씨앗은 농경 사회에서 가장 중요한 것이고, 주몽이 씨앗을 챙겼다는 것은 주몽이 세우게 될 나라가 아버지 해모수와 같은 유목민의 나라가 아니라 농경민의 나라임을 상징한다. 원시 사회에서는 부족 단위로 집단을 이루어 유목을 하면서 살았지만, 농업이 발달하여 정착하여 살게 되면서 비로소 고대 국가가 탄생하게 되었다. 「동명왕 편」에 나오는 곡식 씨앗 이야기는 고대 국가의 탄생을 상징적으로 잘 보여 주고 있다.

〈푸른책들〉이 펴낸 역사동화를 만나 보세요!

마지막 왕자 강숙인(책 읽는 가족 2)
마사코의 질문 손연자(책 읽는 가족 3)
바람의 아이 한석청(책 읽는 가족 8)
아, 호동 왕자 강숙인(책 읽는 가족 14)
내 어머니 사는 나라 이금이(책 읽는 가족 20)
제암리를 아십니까 장경선(책 읽는 가족 24)
하늘의 아들 단군 강숙인(책 읽는 가족 27)
주몽의 알을 찾아라 백은영(책 읽는 가족 32)
꿈 그리기 한석청(미래의 고전 9)
세아의 길 한석청(미래의 고전 14)
불가사리 강숙인(미래의 고전 15)
우토로의 희망 노래 최은영(미래의 고전 16)
불량 암행어사 허신행 유순희(미래의 고전 50)
황금 계단 김봉수(미래의 고전 51)

● **사진 제공 및 출처**

- **동국이상국집**(94쪽) – 국립중앙박물관 제공
- **동명왕 석상**(103쪽) – ⓒ⨁ yeowatzup, 위키미디어
- **이규보 영정**(104쪽) – 위키미디어
- **팔만대장경**(107쪽) – ⓒ⨁ Lauren Heckler, 위키미디어
- **이규보의 묘**(108쪽) – ⓒ⨁ Jjw, 위키미디어
- **광개토대왕릉비**(108쪽) – 위키미디어
- **고구려 고분 벽화에 그려진 삼족오**(111쪽) – 위키미디어